Le cœur à l'envers

Roman

De la même auteure :

Virage, la fin d'une tourmente, éditions « Le courrier du livre », 2019

Dépression, petit manuel à l'usage de l'entourage, « Croire en ses ressources », 2018

Ma dépression, mon amour, « Croire en ses ressources », 2017

Sylvie Retailleau

Le cœur à l'envers

Aimer, c'est être déjà empli de cet amour.
L'autre n'est pas là pour combler un vide
mais pour faire jaillir encore plus le déjà plein.

© Sylvie Retailleau 2019 - Auto édition

Dépôt légal : février 2018

ISBN : 978-2-9561026-9-4

Tous droits de reproduction, traduction ou adaptation réservés pour tous pays.

www.croireensesressources.com

contact@croireensesresssources.com

Prologue

Les battements de son cœur étaient devenus de plus en plus sourds, comme un bruit qui s'enfuit au loin et soudain disparaît. L'obscurité rassurante de sa douce présence avait désormais quelque chose d'effrayant. Une menace suspendue dans le vide, l'annonce d'une catastrophe, d'un drame insaisissable, une odeur de mort. Derniers fragments de vie qui coupent définitivement les liens avec l'existence. Vision horrifiée du départ, impuissance incommensurable, envie de partir avec lui, que tout s'arrête. La douleur est trop vive. Les yeux fermés, je ressens son corps ramolli, qui flotte dans le liquide amniotique, et je sais déjà que les mouvements joyeux et légers de ces derniers mois dans le ventre de maman se sont transformés en danse macabre. Le bal est fini, mon partenaire de jeu quitte la scène sans un regard. Pourquoi ?

Il n'y a eu ni lutte, ni acharnement, ni combat, juste un refus, un abandon, une capitulation. Une preuve avérée de mon insignifiance ? N'étais-je pas une raison assez valable pour qu'il se batte et daigne se mettre au monde ? Nous avions décidé de vivre cette aventure à deux et je me retrouvais plantée au beau milieu d'un décor de désolation, dans un bain sans saveur. J'ai attendu sans bouger, le dernier souffle de mon compagnon de jeu, un peu comme le son du marteau du juge qui annonce le verdict final. L'affaire est pliée, chacun rentre chez soi. Je venais d'entrer dans la prison du désespoir, emmurée dans un silence de plomb, petit être fragile entouré d'une cuirasse pour ne pas ressentir la douleur des aiguilles enfoncées dans ma chair.

Chaque écho de son cœur résonnait de plus en plus creux, tronc évidé d'un arbre sans racines. La chaleur de son corps, la complicité de ces quelques mois avaient laissé place à une atmosphère lugubre. Oreille tendue qui n'ose pas croire que c'est terminé, que plus jamais elle n'entendra ce tintement particulier que fait le cœur qui bat d'amour. Incompréhension, déni, rage. Instants volés à l'aube de la naissance, dérobés à la vie. Impitoyable sort que cette confrontation à l'absence.

Des mois d'attente dans la nuit froide. Enroulée à côté de cette masse qui devient peu à peu solide et compacte, tel un roc miniature. Est-ce toi mon frère ? Me reviennent ces effluves de miel et de fleurs, ce langoureux mélange de nos deux corps, le chant de nos sourires, l'infinie plénitude de nos échanges. Puis le contraste saisissant avec ce petit caillou immobile, dur et glacial. Soudain c'est la nuit.

1

Les semaines qui avaient suivi ma rencontre avec Don Pedro[1] s'étaient déroulées dans une sorte de brume magique et envoûtante. Tout semblait glisser sur moi, j'avais l'impression d'être en amour avec chaque chose, chaque personne, chaque situation. Une fluidité nouvelle avait remplacé les avancées laborieuses de ces derniers mois. Une paix intérieure jusque-là inconnue me plongeait dans une extase douce et tranquille. Pourtant, à mon retour, j'avais dû affronter les dossiers laissés en suspens avant mon départ. Aux questions incessantes de mon entourage sur les raisons de mon absence, j'avais répondu de façon évasive. Devant mon silence, ils avaient renoncé. La seule interrogation qui semblait encore brûler leurs lèvres c'était de constater mon apparente transformation et ne pouvoir l'expliquer de façon rationnelle. Les suppositions étaient allées bon train : pour être dans un tel état de félicité, j'avais certainement

---

[1] Sage auprès duquel Viviane a passé, sept ans plus tôt, vingt-et-un jours de transformations profondes (Roman *Virage la fin d'une tourmente* aux éditions « Le courrier du livre » 2019).

rencontré quelqu'un ou bien je prenais des substances. Je n'avais ni envie ni besoin d'argumenter. Mon seul désir était de continuer à nourrir ce sentiment, le chérir, sans chercher à ajouter des mots. Ils n'auraient pu définir ce qui était en train de se passer pour moi.

J'étais la première surprise par cet état. Je me surprenais fréquemment à amorcer un sourire qui était comme poussé de l'intérieur pour s'évanouir aux plis de ma bouche. Un brin de malice joyeuse prenait naissance dans mes yeux et enveloppait mon regard malgré moi d'une bienveillance vaste et intense. Comme cette joie, émanant du plus profond de mon être, était douce ! Elle avait la saveur de l'insouciance, le goût exquis de la grâce, le parfum enivrant de l'extase. Je me sentais transportée, mon corps tout entier débordant d'un flot d'amour trop longtemps contenu. Tout ce qui m'entourait avait la texture du coton, douceur infinie amortissant les chocs, silence feutré.

Au cabinet, j'avais retrouvé un nouvel élan aussi. Les relations avec mes clients semblaient en bénéficier largement. J'étais un peu comme un enfant qui découvre le monde. Ma manière d'être avait fondamentalement changé, une sorte d'impression de réinventer la vie, de la réenchanter, de la magnifier. La solitude que j'avais tellement vécue et qui m'avait tant fait souffrir ces dernières années n'avait plus de prise sur moi, au contraire. Je me sentais pleine de moi-même, savourant la liberté qu'elle me procurait désormais. La décision de rompre avec le père de mes enfants à l'époque m'avait demandé un courage dont je ne m'étais pas crue capable, tant la peur d'être seule était immense. Pendant des années, j'avais repoussé la décision, préférant un bonheur affadi au risque effrayant d'affronter la vie en solo. Puis, quand il m'était devenu insupportable de nous observer nous éteindre un peu plus chaque jour au contact l'un de l'autre, j'avais franchi le pas, avec bravoure. Les premières années avaient été extrêmement difficiles, et nombre de fois, j'avais dû faire face à cette immense détresse dès que je me retrouvais seule. Âme en peine, au bord de la dérive. J'avais compensé grandement par des rencontres amicales qui avaient nourri mon besoin d'échange et de partage, de tendresse aussi. Bon an mal an, je m'étais peu à peu habituée à vivre seule et à y trouver aussi des avantages : être maître de mes décisions, faire ce que je veux quand je veux, avoir à tout moment mes espaces de ressourcement. Ce qui me manquait le plus, c'était de pouvoir échanger sur mes doutes, mes interrogations, de pouvoir être rassurée dans des bras réconfortants, les soirées ou les week-ends à deux.

J'avais hésité à m'inscrire à ce colloque. Je savais que j'y retrouverais des connaissances professionnelles connues sur les bancs de l'école et en même temps, je me demandais ce que nous aurions à nous dire. Le temps avait glissé, emportant avec lui les complicités et les souvenirs d'alors. D'autre part, je n'envisageais plus mon métier de la même manière. Les tables rondes et les conférences risquaient d'être très techniques et je devenais de plus en plus hermétique à ce charabia abscons. Je n'avais pas non plus envie de devoir faire face aux ambitions démesurées des uns et des autres, rachats et fusions de cabinets, stratégies de développement, tout me semblait si futile. Certes, j'avais retrouvé une apparente sérénité dans mon activité, mais il m'était néanmoins impossible de me projeter plus loin. En toute honnêteté, il me semblait évident qu'à un moment ou à un autre, l'idée d'un changement radical d'orientation reviendrait me hanter. Je ne sais donc pas ce qui me poussa à cliquer sur réservation et à valider mon paiement pour ces deux jours de novembre à Cannes, mais je sentis une sorte d'enthousiasme, d'élan et sans trop réfléchir, je décidai de le suivre.

2

Sur les conseils d'une amie, j'avais réservé un petit hôtel non loin de la rue d'Antibes et de la Croisette. Après avoir atterri à l'aéroport de Nice, j'avais pris la navette pour Cannes et avais rejoint mon hôtel à pied. Ainsi, j'avais pu prendre le temps d'admirer les boutiques. Je n'étais pas une adepte du luxe pour le luxe, le côté « bling bling » ne représentait pour moi aucun attrait, par contre, j'aimais les belles choses, j'étais sensible au raffinement, à la beauté des matières, des couleurs. Je prenais un grand plaisir à passer devant les vitrines et à m'extasier, comme je l'aurais fait devant un somptueux paysage. La rue Daumas était située un peu plus haut et j'aperçus sur ma gauche la bannière grise de l'hôtel. En m'approchant, je découvris la façade orange et derrière la baie vitrée un camaïeu de couleurs vives, coussins, chaises et décors. Le lieu me plut d'emblée. L'homme qui m'accueillit était tout aussi agréable.

— Bonjour Monsieur, j'ai réservé une chambre pour deux nuits au nom de Viviane Pinson.

— Bonjour Madame. Bienvenue à l'hôtel des brisants. Je vais vous conduire à votre chambre. Permettez que je prenne votre valise.

Cet homme était décidément charmant. C'était le propriétaire du lieu. On sentait qu'il aimait vraiment son métier, qu'il le faisait avec plaisir et passion. Je découvris une chambre plutôt cosy, qui donnait cette impression immédiate d'être à la maison. Cela changeait des endroits stéréotypés, froids et impersonnels. Ici, au contraire, tout semblait chaleureux et permettait de réduire la sensation parfois inconfortable de se sentir loin de chez soi. Je pris le temps de défaire ma valise soigneusement, afin de défroisser mes vêtements. J'avais rendez-vous avec d'anciens collègues un peu plus tard dans la soirée dans un restaurant rue Rouguiere et il me restait largement le temps avant de les rejoindre. Cette escapade était pour moi comme une parenthèse dans un quotidien parfois monotone. J'aimais découvrir de nouveaux lieux, déambuler au hasard des rues, en respirer l'atmosphère, explorer les contours, jusqu'à ce qu'ils deviennent presque familiers. Il fallait peu de temps au fond pour investir un endroit. Rapide impression d'y habiter, de faire partie de son univers, de quitter la démarche hésitante du touriste pour celle du résident qui sait exactement où il va. Comme elle était étrange cette sensation d'appartenir à un quartier que l'on ne connaissait pas, ne serait-ce que quelques heures auparavant. Repérer le nom des rues, connaître par cœur l'enfilade des boutiques, croiser à plusieurs reprises les habitants du quartier et les saluer d'un regard qui pourrait signifier : je vous reconnais, je vous ai déjà vus. Ressentir avec force ce besoin d'appartenance, de faire partie, d'être apprivoisé. Ne plus être ce clandestin qui passe, ne plus se sentir étranger, se sentir chez soi dans cet ailleurs. Rendre l'inconnu, connu. Était-ce l'effet du désir impétueux de sortir de l'anonymat, de créer coûte que coûte les repères qui nous rassurent, et qui font nous sentir en sécurité ? N'était-ce pas au final le reflet d'un grand manque de confiance ?

Au lieu de me prélasser dans ma chambre, je fis le choix d'aller humer l'air ambiant afin de m'en imprégner davantage. Je décidai de longer la rue d'Antibes dans la direction opposée. Je fis un stop devant une magnifique boutique de sous-vêtements et décidai d'entrer. Cela faisait longtemps que je n'avais pas renouvelé ma lingerie, comme si la condition sine qua non pour porter de beaux dessous était d'avoir un homme dans sa vie. J'avais soudain l'envie de le faire pour moi, j'avais ce désir de me sentir belle, juste comme ça, pour moi. Cette situation me faisait penser aux fameux habits du dimanche que l'on ne portait que ce jour-là, pour ne pas les abîmer ou la belle vaisselle utilisée uniquement lors des grandes occasions. À ce moment même, cela m'apparaissait comme la plus grande des aberrations. Pourquoi s'évertuait-on à réserver ce qu'il y a de plus beau aux occasions ? Pourquoi ne pouvait-on pas en profiter chaque jour ? Pourquoi réduire le quotidien au médiocre ? Pourquoi ne pas s'autoriser à s'apprêter rien que pour soi, et non pour l'autre ? Oser, c'était au fond s'aimer suffisamment, c'était déclarer mériter révéler sa splendeur en dehors de toute attente, sauf celle de prendre soin de soi.

J'étais séparée depuis plus de trois ans déjà et je n'avais pas fait de rencontres, non que je n'y pensasse pas, mais l'occasion ne s'était pas présentée tout simplement. Je ne pouvais m'imaginer passer le reste de ma vie seule. J'avais ce désir de faire une belle rencontre, de sentir mon cœur battre pour quelqu'un, de partager. Oui, c'était ce que je voulais vraiment. J'étais en train d'hésiter devant les modèles présentés devant moi. Finalement ils ne me plaisaient pas tant que ça. Gentiment, la vendeuse m'orienta vers un ensemble blanc tout en dentelles.

— Essayez-le. Ce n'est que de cette façon que vous pourrez voir ce qu'il donne sur vous.

Combien de fois ces derniers temps avais-je regardé des vêtements sans m'arrêter sur un en particulier, convaincue qu'aucun ne me plairait et surtout ne m'irait, prétextant que je n'avais besoin de rien ? Je suivis les conseils de la vendeuse et filai dans la cabine avec l'ensemble dans la main. Je dois avouer sans fausse modestie, et à ma plus grande surprise, que j'aimais le reflet que je découvris dans le miroir. La dentelle blanche venait délicatement épouser la courbe de mes seins, faisant ressortir le hâle de ma peau encore présent. C'est comme si ces simples petits carrés de tissus venaient me mettre en valeur. C'était décidé. À mon retour, je ferai le vide dans mon armoire, je jetterai toutes mes culottes défraîchies et je les remplacerai les unes après les autres. Ce serait ma manière à moi de déclarer : je me débarrasse de l'ancien, je fais place au nouveau, comme une page qui se tourne pour en écrire une nouvelle.

— Qu'en pensez-vous ? me demanda la vendeuse habilement, comme pour me laisser l'entière paternité de mon choix.

— Je ne m'attendais pas à cela. Je suis agréablement surprise. J'aime beaucoup. Vous aviez raison de me pousser à essayer.

Je me rhabillai, payai mes achats et sortis de la boutique avec un grand sourire aux lèvres. C'était incroyable l'effet symbolique que pouvaient avoir ces petits gestes a priori anodins. Avec le recul de ces derniers mois, j'avais cette impression que chaque action aussi futile puisse-t-elle paraître, portait en elle une signification, un sens. C'était à chaque fois dire Oui ou Non à quelque chose. Ce que j'avais ressenti tout à l'heure en observant mon reflet devant la glace, c'était quelque chose comme : tu es une belle personne, tu as de la valeur, tu as le droit de te faire plaisir, tu mérites de te donner le meilleur. Dans cette décision banale, c'était tout ça qu'il venait de se passer…

Je regardai l'heure sur mon portable et vis qu'il était temps que je retourne à l'hôtel si je voulais avoir le temps de me changer avant mon rendez-vous. Je me sentais joyeuse, un sourire involontaire devait se dessiner sur mes lèvres, car les personnes que je croisais me le renvoyaient en miroir. C'était d'ailleurs étonnant cette contagion du bonheur, ces graines semées à la volée qui n'arrêtent pas de pousser, cette onde dont le cercle sans cesse s'agrandit, comme si instantanément cette pulsion de vie venait réveiller une à une toutes les vies jusque-là endormies. Je grimpai quatre à quatre les marches menant à ma chambre. Je pris une douche rapide pour me rafraîchir, enfilai un jean et un pull un peu chaud, puis quittai l'hôtel avec le même enthousiasme débordant. Mes ex-collègues étaient déjà installés à une table joliment dressée à l'extérieur. L'air restait doux en ce mois de novembre et cela donnait l'agréable sensation d'un été qui se prolonge. Bientôt, l'hiver viendrait nous rappeler à l'ordre, nous inviterait au retrait, à l'introspection, nous intimerait un certain repli. Je n'avais jamais vraiment aimé l'hiver. Plus que le manque de chaleur, c'était la lumière qui faisait défaut, nous obligeant à nous pencher sur nos ombres, et au fond la tendance naturelle était plutôt de préférer le jour à la nuit.

Je fis le tour de la table pour saluer tout le monde et m'assis à la place restée vacante.

— Comment vas-tu Viviane ? Tu sembles en pleine forme, me lança Éric. Je ne t'ai jamais vue aussi rayonnante ! Tu es amoureuse ?

C'était du Éric tout craché. J'avais suivi mes études avec lui à Paris, et par le plus grand des hasards, nous nous étions retrouvés en stage dans le même cabinet. Notre boss nous avait alors proposé de nous embaucher tous les deux. Et c'est donc ensemble que nous avions fait nos premiers pas dans la vie active. Éric, c'était ce genre de type toujours jovial et positif, content quoi qu'il arrive, sur qui la vie semble couler sans jamais l'égratigner, quelqu'un sur qui le malheur jamais ne s'accroche. Pour la spécialiste de la rumination que j'étais, j'enviais cette apparente faculté à ne se poser aucune question et à avancer. Par son attitude, il attirait naturellement la sympathie, toujours prêt à aider, à rendre service. La vie le lui rendait bien, d'ailleurs.

— Merci Éric, oui je vais bien, très bien, et pour répondre à ta question : oui j'ai rencontré quelqu'un.

Je sentis tout à coup tous les regards tournés vers moi.

— Alors dis-nous, on le connaît ?

— Non. En fait, la personne que j'ai rencontrée c'est moi-même.

Les mots étaient sortis de ma bouche plus vite que je ne l'aurais souhaité. Je n'avais absolument pas prévu de parler de moi de façon aussi intime, et en même temps c'était aussi une manière de reconnaître la traversée qui avait été la mienne et de me montrer dans plus d'authenticité.

— Eh bien Viviane, tu fais dans la philosophie ce soir…

— Pas tant que ça, ou peut-être que oui, je suis devenue un peu plus sage en vieillissant. On va dire que j'ai fait des expériences ces derniers temps qui m'ont vraiment aidée à me sentir mieux dans ma vie. Sans doute, ne me suis-je jamais sentie aussi bien en fait. Je suis contente de vous voir. Qu'est-ce qu'on boit ?

C'était ma manière à moi de changer le fil de la discussion. J'en avais dit assez, et je n'avais pas envie d'être au centre de l'attention toute la soirée. Le serveur s'était approché et je lui commandai un verre de Champigny. Nous parlâmes de tout et de rien, chacun choisissant de montrer la facette de soi la plus acceptable, masquant maladroitement et parfois inconsciemment ses doutes et ses hésitations. Au final ça ressemblait à une vraie mascarade ! Je n'en étais pas exclue et malgré mon apparent agacement devant ce jeu si mesquin, je me rendais compte que j'acceptais moi aussi de jouer sur la même scène. En ne dévoilant de moi, que ce qui, dans mes croyances, me permettait d'être reconnue par mes pairs, je me protégeais d'un éventuel rejet qui m'aurait fait trop souffrir. La différence fait peur. Je n'étais pas encore prête à me jeter dans la gueule du loup en affichant la Viviane que je sentais poindre en moi avec force. Je la retenais encore par les brides de la bienséance. Je ne cessais de la museler encore et encore et ne la laissais s'exprimer qu'en lieu sûr. Quel danger y avait-il à se montrer authentique ? Quelle menace pouvait bien nous pousser à nous cacher, à nous taire ? C'était plus fort que moi, cette peur de me faire rabrouer, de me faire renvoyer dans mes vingt-deux, de subir une humiliation en public. Non, c'était trop pour moi. Je savais pourtant que je ne n'avais rien à gagner en maintenant cette attitude, mais je ne me sentais pas encore assez solide pour rester debout en cas d'attaque, pour ne pas vaciller sous les railleries. Alors, je parsemais des gouttes de la nouvelle Viviane avec parcimonie, radinerie presque. Je ne donnais à l'extérieur que des petits bouts de moi, infimes parcelles de qui j'étais vraiment.

Un peu plus tard dans la soirée, je sentis mes yeux attirés vers la table sur le trottoir d'en face. J'aperçus Pierre. Une connaissance professionnelle. Je n'étais pas surprise de le retrouver ici. Je ne le connaissais pas tant que ça, je l'avais juste rencontré à plusieurs reprises dans des colloques, sans avoir vraiment eu l'occasion d'échanger en tête à tête avec lui. Je l'avais toujours trouvé sympathique. Qui, dans le milieu, ne connaissait pas Pierre Dubin ? Il faisait partie de ces experts que tout le monde s'arrache, dont chacun veut avoir l'avis, dont il faut absolument s'entourer. Ce genre de personne, qui nous donne de l'importance, juste parce que l'on dit le connaître, parce qu'on se tient à ses côtés ou mieux encore, à qui l'on a la chance de parler. Vous savez cette impression de toucher du doigt la célébrité par procuration. Voilà, Pierre c'était tout ça, et d'une grande humanité aussi. Ce qui ne gâchait rien. Je ne sais pas pourquoi, mais depuis que je l'avais vu, j'étais comme hypnotisée, je n'arrivais pas à le lâcher du regard, espérant secrètement que nos yeux se croisent et qu'il me reconnaisse. Comment pouvait-il se souvenir de moi ? Nous n'avions eu que peu d'occasions de nous rencontrer au fond. Les conversations autour de moi s'étaient transformées en brouhaha incompréhensible. Je hochais la tête de temps en temps, comme pour signifier ma présence alors que mon esprit était retenu quelques dizaines de mètres plus loin. Cela faisait plus de dix minutes que je m'agitais sur mon siège, tantôt levant les yeux, tantôt prenant part à la discussion enflammée sur la nouvelle Loi Travail que ma voisine de table avait entamée avec Éric. Puis, je sentis son regard se poser sur moi. Arrêt sur image. N'écoutant que mon instinct, je me levai brusquement et traversai l'étroite rue qui séparait nos deux tables. Je le vis faire le même mouvement et nous nous retrouvâmes face à face, avec une intensité dans le regard de l'un et l'autre qui n'était pas loin de ressembler à ce que j'avais vécu avec Don Pedro, quelque temps plus tôt. Nous restâmes un instant sans mots, jusqu'à ce que l'embarras qu'avait provoqué en moi cette situation m'ordonne de dire quelque chose.

— Bonjour Pierre, comment vas-tu ?

— Bonjour Viviane. Très bien, je te remercie.

Je fus autant déstabilisée par le son de mon prénom prononcé par sa voix douce et grave, que par le simple fait qu'il s'en souvienne. Comme si ma transparence n'était plus une évidence, comme si le fait d'avoir été un jour remarquée me donnait tout à coup une sorte d'importance.

— Ça me fait plaisir de te revoir.

— Moi aussi Viviane, je suis très heureux. Tu es au colloque j'imagine. Si ça te dit, passe prendre un café demain avant l'ouverture. J'y serai à huit heures, comme ça nous aurons le temps de discuter.

— Avec grand plaisir. À demain alors.

Je rejoignis mes amis encore un peu chancelante et avec une agréable sensation de légèreté. Le reste de la soirée se passa tranquillement et je remontai la rue d'Antibes jusqu'à mon hôtel, mon esprit plongé dans la rêverie. Le sommeil ne tarda pas à venir me cueillir, transportée comme une enfant dans une nuit remplie d'étoiles.

3

Le lendemain, c'est d'humeur joyeuse que je sautai du lit à peine avais-je ouvert les yeux. Une sorte d'excitation mêlée d'impatience, un peu à l'instar de ces veilles de Noël, à l'idée de découvrir les cadeaux au pied du sapin. Je décidai de marcher jusqu'au Palais des festivals, comme pour mieux me fondre dans les bruits de la ville qui tranquillement se réveille, avant de m'enfermer dans une salle aseptisée. Je rejoignis le centre d'affaires en suivant les flèches et aperçus Pierre en pleine discussion avec un jeune homme. Comme s'il avait senti ma présence de loin, il me fit signe d'approcher et me proposa de m'asseoir pendant qu'il terminait son rendez-vous. J'en profitai pour scruter à distance le ballet incessant des allées et venues, captant les regards, inventant les histoires de ces hommes et de ces femmes cachés derrière les apparences. De nature assez timide, je me rendais compte que je me prêtais souvent à ce jeu de devinettes. Sans m'en rendre compte, l'observation s'était révélée, malgré moi, comme un antidote puissant à ma nature introvertie. Pierre s'avança vers moi avec un large sourire et posa deux cafés sur la table. Il prit place dans le fauteuil à côté du mien. La discussion fut cordiale, comme deux amis qui se retrouvent après des années d'absence, même si, je le répète, cette amitié-là n'avait pourtant jamais existé. C'est cela qui était si troublant. Impression de se connaître, sans se connaître. Alchimie. Plaisir d'être ensemble. Ce jour-là, je ne savais pas encore que j'avais rencontré l'homme qui partagerait quelques pages de ma vie. Ce jour-là, je ne savais pas encore que le train était déjà en marche, que j'occupais déjà une des banquettes. J'en ignorais aussi la destination. Je ne l'ai su que bien après.

Après le colloque, je rentrai à Pornic. Cette escapade m'avait fait le plus grand bien, à la manière d'un automne qui aurait joué les prolongations avant l'entrée dans l'hiver. Retourner dans le monde avait ravivé mon enthousiasme. Malgré mon côté un peu sauvage, j'aimais par-dessus tout les moments de convivialité. Mon divorce avait, malgré moi, précipité un bouleversement dans mes relations d'alors et avait rendu plus rares les rencontres amicales autour d'un dîner ou d'un week-end, me forçant à passer trop de temps seule, à mon goût.

Dans l'avion, je repensai à ces années qui avaient précédé ma séparation d'avec Richard, ma décision finalement de le quitter. Je me souviens parfaitement de ces longs mois d'hésitations avant de laisser le choix d'une séparation proclamer son évidence, son inéluctabilité. Je me souviens de ce moment précis où il n'est plus possible de reculer, où nos pas nous conduisent inexorablement vers cette issue. Les doutes se transforment alors en certitude. Je me souviens du relâchement que j'avais ressenti dans tout mon corps, annonçant la fin d'une dualité qui me tenait écartelée entre « je le quitte » et « je reste », me laissant à bout de forces, sans énergie. Puis ce regain de vitalité émergeant du fond de l'être, quand la clarté arrive, quand l'on envisage de suivre un chemin plutôt qu'un autre, une sorte de soulagement. C'est l'oscillation finalement qui nous épuise, la peur de prendre la mauvaise direction, cette peur viscérale de se tromper, cette obligation de décider pour soi. À cet instant, on sait que l'on est seul devant la décision, et c'est cela qui nous fige. On voudrait que le choix nous soit soufflé du dehors, validé, tels une autorisation, un feu vert. Or, il n'en est rien. Le vent qui nous poussera ici ou là ne peut provenir que de l'intérieur. Pourquoi s'inquiéter ? Quand le fruit est mûr, il tombe. Notre seule vigilance est de le cueillir avant qu'il ne pourrisse dans l'arbre. Richard et moi le savions depuis longtemps. Nous le pressentions tous les deux : nous avions baissé les bras depuis des années déjà. Nous n'avions pas la force de continuer, mais nous n'osions pas nous l'avouer.

Que d'occasions manquées de faire grandir notre relation ! Au lieu de cela, nous l'avions laissée mourir, sans rien faire, sans rien tenter ! Le soir où je lui avais parlé, j'avais su que je prenais le risque de signer l'arrêt de notre union. Il ne s'était pas accroché. Lui aussi était éteint, exténué. Nous serions morts tous les deux si cette relation avait continué. Ce soir-là, c'était un mélange de déception et de tristesse. Déception de n'être pas allés au bout de ce mariage. Tristesse devant tant de gâchis, devant les jours qui ne seraient plus jamais les mêmes. Deuil de la famille que nous formions, angoisse devant l'annonce à faire aux enfants. Douleur anticipée de voir la détresse dans leurs yeux. Peur de se tromper, encore. Y avait-il quelque chose à sauver ? Le corps ne ment pas. Quand il ne se réjouit plus des retrouvailles, quand au contraire, il se serre au contact de l'autre, plus rien n'est à espérer. Certitude que si nous voulons continuer à nous aimer, il faut nous séparer le plus vite possible. Continuer, ce serait prendre le risque de vraiment nous haïr. Je voulais pouvoir garder intacts les souvenirs de nos moments heureux, je voulais garder vivantes les complicités partagées. Je n'avais jamais regretté ma décision. Le moment précis où j'avais cessé d'y croire, c'est quand l'hypothèse d'une possible séparation s'était doucement immiscée dans mon esprit, comme si cette éventualité me donnait l'ultime autorisation de renoncer au moindre effort pour notre relation. Quand se quitter commence à faire partie des solutions envisageables, alors l'énergie de continuer se disperse peu à peu, et la relation s'effiloche, jusqu'à ce que les fils se rompent, complètement.

Je prenais soudain conscience de ce chemin parcouru. Les années qui avaient suivi n'avaient pas été simples. Il avait fallu réinventer un quotidien, réapprendre à vivre autrement. Finis les repas animés à quatre, finis les plateaux télé du dimanche soir, finies les vacances en famille, finis les rires et les éclats de voix qui résonnent, finie la vie dans cette maison que nous occupions depuis quinze ans. Mon nouveau chez-moi, bien qu'agréable, était devenu plus muet, même quand les enfants étaient présents. C'est comme si chacun s'était muré dans son silence, réfléchissant à la façon dont nous pourrions le briser. Nous avions existé à quatre, une sorte de système, où chacun avait inconsciemment pris sa place, où chacun jouait son rôle, une espèce d'orchestration huilée, qui tout à coup se grippe, un groupe qui se disloque, une harmonie qui se rompt. Nous avions existé les uns à travers les autres, il nous fallait désormais reprendre chacun le flambeau de notre unicité, créer un nouvel univers. C'était fou comme nos habitudes, nos manières de communiquer, d'être en lien, s'étaient installées à notre insu, échappant totalement à notre contrôle. À partir du moment où chacun avait dit oui à son rôle, en changer aurait mis en péril l'équilibre tout entier. Alors, évidemment, quand nous nous étions retrouvés, mes enfants et moi, à la table du dîner les premiers soirs, nous avions eu cette impression d'une pièce qui aurait été vidée de ses meubles et c'est le silence, que nous avions eu besoin de combler justement. J'avais aussi dû dépasser cette culpabilité qui me rongeait parfois, celle d'avoir été l'initiatrice, celle qui avait accéléré la décision, celle par qui le malheur était arrivé. Néanmoins, très vite, c'est une autre personne que mes filles avaient découverte, quelqu'un de plus authentique, de plus vivant aussi. Elles y avaient gagné au change au fond, même si cela n'avait pas été immédiatement une évidence.

Au fur et à mesure, j'avais découvert une nouvelle liberté, celle de révéler la femme que j'étais vraiment, avec ses forces et ses doutes aussi. Non que mon ancien compagnon de vie l'ait volontairement bridée, car cette prison, je me l'étais moi-même créée et je m'y étais enfermée, en conservant précieusement les clés de ma cellule bien au chaud dans mes poches. Personne ne m'y avait forcée. J'avais cédé sous le poids de ma propre contrainte. À l'inverse de certaines de mes amies, j'avais vécu près d'un homme plutôt bienveillant et agréable. Il m'avait permis de me donner à chaque fois qu'il m'était nécessaire, la confiance qui me faisait cruellement défaut. Je l'avais cependant tellement adulé, posé sur un piédestal pendant tant d'années, que, sans m'en rendre compte, j'avais vécu à travers lui, et je m'étais oubliée, effacée, égarée. Je lui avais donné les manettes de ma vie, confié les clés de ma personnalité, sans en garder le double. Je lui vouais une admiration sans faille, il était tout ce que j'aurais voulu être : drôle, à l'aise en société, posé, altruiste, généreux, positif. Le regarder être ce qu'il était m'avait, pendant longtemps, évité de me regarder en face. Être moi était tellement insupportable que je pensais pouvoir devenir quelqu'un d'autre à son simple contact. Je me détestais tellement, que la compagnie de cet homme, que tout le monde trouvait charmant à tous les niveaux, me permettait d'avoir l'impression d'exister. À ses côtés, je pouvais être sous les feux de la rampe. Tout ça n'avait pas été conscient, bien évidemment. Ces compréhensions m'étaient apparues bien après. Pour beaucoup de nos amis, nous incarnions ce couple idéal que tout le monde envie. Ce genre de couple à qui l'on dit quand ils se séparent : « pas vous ! », comme si l'espoir d'une relation durable s'écroulait en même temps que notre décision de nous séparer. Comme si ce verdict radical et tranchant éteignait en un seul souffle, la possibilité d'un mariage prometteur. Il est vrai que la surprise avait été de taille à l'annonce de notre choix. Il va sans dire que nous avions eu aussi de nombreux moments de joies, de partages, de rires, et au fond, notre entourage n'avait retenu que cela : un couple heureux, souriant et aimant la vie, une famille unie. Richard et moi avions eu la chance de vivre une séparation plutôt paisible et réussi à préserver un lien respectueux, même au plus fort de la tempête. Au fond, nous n'avions rien à nous reprocher, si ce n'est cet amour qui progressivement s'était asséché. Se quitter au bon moment nous avait permis de ne pas ajouter le poids de potentielles « trahisons », avec lesquelles nous n'aurions pu empêcher l'émergence de rancœurs et de ressentiments. C'était souvent cela d'ailleurs qui faisait naître tant de haine et d'agressivité chez de nombreux couples divorcés. À l'inverse, nous avions gardé cette douce complicité presque fraternelle. Cela simplifiait grandement notre quotidien et celui des enfants. La confiance était telle, que nous n'avions jamais eu besoin d'en arriver au conflit, quand il était question de finances, de garde ou de choix à faire. Cela surprenait certains de mes amis, voire suscitait l'envie, quand, de leur côté, le couple qu'ils avaient alors formé, était en proie à des déchirements permanents, des batailles sans fin, des rivalités incessantes. Oui, nous avions de la chance et j'en éprouvais une reconnaissance infinie et sans bornes.

De retour chez moi, je pris une douche et restai enveloppée une bonne heure dans la chaleur douillette de mon peignoir. J'en profitai pour appeler mon amie Nathalie. J'avais rencontré Nathalie « par hasard », le jour de mon déménagement. Elle habitait alors la maison qui jouxtait la mienne. Nous avions échangé quelques mots courtois, et immédiatement, à l'instant où nos regards s'étaient croisés, nous avions su toutes les deux que nous serions amenées à nous revoir. J'avais profité de mon installation récente pour l'inviter à prendre un thé et ainsi faire plus ample connaissance. Tout était allé très vite. Nous avions passé deux heures à raconter nos vies et à nous exclamer devant tant de similitudes. Tout faisait écho. Nous avions vite eu l'impression de nous connaître depuis toujours. La rencontre avec Nathalie faisait partie de ces rencontres inexplicables et merveilleuses où, rapidement, l'on en vient à l'essentiel, où la parole est libre et fluide, où aucune retenue n'est nécessaire, où la compréhension est immédiate, instantanée. Nous avions beaucoup partagé, ri et pleuré ensemble, un peu comme deux sœurs.

Depuis, elle avait quitté le quartier dans lequel nous habitions pour suivre l'appel de son cœur dans la région toulousaine. Cela avait été pour moi un déchirement, mais nous avions gardé cette habitude de nous appeler très régulièrement pour nous réjouir ensemble et aussi nous tenir la main à distance quand l'une ou l'autre en avait besoin.

— Coucou Nathalie !

— Salut ma belle, tu es rentrée ? Comment s'est passé ton colloque ?

— Écoute, plutôt bien. C'était…heu…intéressant…

— Intéressant ? Que veux-tu dire ? Oh, je sens que tu me caches quelque chose Viviane.

Avec Nathalie, c'était toujours la même histoire. D'un côté comme de l'autre, nous avions cette connexion, qui nous reliait de façon puissante et nous pouvions nous deviner, nous humer, nous dévoiler, nous démasquer. Nous savions avant d'exprimer quoique ce soit, nous étions mises à nu, malgré nous.

— Je ne sais pas. J'ai juste croisé une ancienne connaissance professionnelle, j'ai pris un café avec lui. Non c'est idiot.

— Tu es en train de tomber amoureuse, là…

— Non, je ne pense pas. C'est juste que je me suis sentie bien près de lui, mais rien de plus. J'ai aimé notre échange de regard. De toute façon, je ne connais rien de lui. Je ne sais même pas s'il est toujours marié. Et puis ce n'est pas parce qu'il m'a invitée à prendre un café que cela signifie qu'il a flashé sur moi.

— Écoute Viviane, je te connais assez pour voir que toi, en tout cas, tu n'es pas indifférente à cet homme.

— Oui, je crois qu'il s'est passé un truc. On verra bien.

— Je n'ai pas de conseils à te donner, Viviane, mais tu m'as souvent dit : « écoute ton cœur, si tu sens un élan, n'attends pas, saisis les opportunités quand elles se présentent, ose suivre ta joie. » Alors, là, j'ai envie de te dire : « fonce ! Si tu as envie de l'appeler, fais-le ! ».

Sur le thème des relations amoureuses, j'avais l'impression d'être redevenue une apprentie gauche et timide. Finalement, j'avais eu peu d'expériences. J'avais rencontré Richard à la fac, et avant cela, j'avais eu quelques amourettes, rien de plus. C'était comme si j'avais tout à réapprendre.

— Merci Nathalie. On se rappelle dans la semaine. Je t'embrasse fort.

— Bisous ma poulette, prends soin de toi.

Nathalie avait ce franc-parler que j'enviais parfois. Nous étions si différentes et avions néanmoins tant de choses en commun. Cela me surprenait toujours. Combien de larmes avais-je essuyées auprès d'elle ? Elle avait été présente à chaque moment, sans manquement. Nous avions passé des soirées entières lovées sur le canapé à décortiquer nos pensées les plus intimes, nos peurs les plus profondes, à explorer nos vies sous toutes les coutures, à envisager un avenir plus ou moins radieux. Puis, parfois, nous rompions la lourdeur de nos traversées, en poussant à fond le volume de la chaine Hifi. Alors, pendant quelques instants, nous oubliions nos turpitudes et nous nous déchainions au rythme de U2 ou d'Ultravox, en chantant à tue-tête « Bloody Sunday » ou encore « Dancing with tears in my eyes ».

Nathalie n'avait pas été épargnée par la vie. Je me demandais d'ailleurs comment elle avait fait pour supporter tout ce qu'elle avait vécu. Enfant, sa mère n'avait eu aucun regard pour elle, pire, elle l'avait traitée avec mépris. Aujourd'hui encore, elle ne pouvait compter sur son soutien aimant, au contraire, on aurait dit que cette dernière prenait un malin plaisir à l'enfoncer davantage, la rendant responsable de tous les maux de la terre. Sa méchanceté était redoutable et Nathalie s'était souvent interrogée sur les raisons de cette attitude froide et glaciale envers elle. À de nombreuses reprises, elle avait cherché à la confronter, mais, faire face au déni de sa mère avait été encore pire que de l'entendre admettre que non, elle ne l'aimait pas. Elle aurait largement préféré que sa mère lui crache au visage qu'elle la détestait, un point c'est tout, au moins elle aurait su à quoi s'en tenir. Mais l'entendre mentir honteusement en lui affirmant qu'elle se faisait des idées était insoutenable pour Nathalie. Or, quand on est un peu sensible, on sent ces choses-là. Les mots n'ont aucun sens, ce qui compte c'est l'énergie qui se cache derrière. Ce n'est pas le bonjour que l'on entend, c'est le corps qui se tend et se raidit, quand on veut serrer la personne dans les bras. C'est la grimace qui s'affiche sur le visage, le dégoût à peine dissimulé qui se dessine au coin de la bouche, ce ton de voix véhiculant l'antipathie, cette haine invisible qui transpire. On ne peut pas faire semblant d'aimer. Nathalie avait essayé à plusieurs reprises de rompre complètement les liens avec elle. Mais alors qu'elle pensait que sa mère s'était adoucie, elle se rendait compte finalement que rien n'avait changé. C'était toujours le même scénario, celui de la manipulation affective. Mais qui ne tomberait pas dans ce piège avec ses propres parents ? Quoi de plus légitime que ce besoin de croire en leur amour indéfectible ? Comment grandir en sécurité sans cette réassurance ? J'admirais Nathalie, car malgré tout ça, elle arrivait souvent à porter un regard bienveillant sur sa mère.

Côté mariage, cela n'avait pas été simple non plus. Elle avait très vite constaté que son mari multipliait les conquêtes, et avait cependant fermé les yeux à chaque fois, espérant ainsi préserver la famille. Un matin de Noël, il lui avait annoncé qu'il partait vivre avec sa maîtresse, sans précaution, sans la moindre délicatesse, de manière abrupte et brutale même. Nathalie s'était alors effondrée. La douleur avait eu l'intensité d'un coup de poignard en plein milieu des viscères. Tout s'était déchiré en elle. Sa vie avait volé en éclat en l'espace de quelques secondes. Pendant des jours et des jours, elle était restée prostrée, figée, atterrée, foudroyée par la violence du choc. Elle, qui pendant toutes ces années avait cherché la conciliation, tentant de protéger au mieux la cellule familiale, se retrouvait d'un coup, le dindon d'une grande farce, la souris avec laquelle le chat joue quelques heures et qu'il laisse à demi-morte sur le pas de la porte. J'avais rencontré Nathalie quelque temps après cet épisode. Elle était encore très affectée et profondément meurtrie par la façon dont elle avait été traitée, sans égard aucun. Puis, au fil du temps, elle avait digéré, fait son deuil et même remercié que cet ignoble goujat ait finalement décidé de la quitter, lui faisant ainsi le plus beau des cadeaux. Pour autant, les coups bas de son ex ne s'étaient pas arrêtés depuis. Il multipliait les attitudes déloyales, les attaques sournoises, les remarques perfides, rendant leurs rapports compliqués et imprévisibles. À chaque fois que je parlais à Nathalie, j'étais sûre qu'il y aurait un nouvel exploit au palmarès de l'ignominie. Elle avait souvent espéré qu'il change, qu'il ait soudain une révélation divine, lui faisant prendre conscience de tout le mal qu'il avait fait et dont il voudrait s'excuser sincèrement. Mais, ce n'était jamais arrivé. Les éclaircies n'avaient jamais duré bien longtemps et quand, parfois, la sérénité semblait être revenue, il venait frapper de son glaive, l'accalmie apparente. Bref Nathalie passait de l'espoir à la résignation, de la compréhension à la colère. Les attaques de l'assaillant n'étaient pas sans laisser quelques traces à l'humeur naturellement joyeuse de mon amie.

L'amitié avait toujours représenté pour moi un bien infiniment précieux. Même si certaines relations s'étaient éteintes au fil du temps, elles avaient à chaque fois revêtu un caractère important pour moi et j'avais pris soin, autant que possible, de les nourrir avec application et dévouement. De nouvelles amitiés avaient vu le jour récemment et j'étais la première bluffée par la rapidité de leur éclosion. Le temps n'avait plus réellement d'impact. Nul n'était besoin de construire, seule comptait l'évidence d'un lien immédiat, puissant et sans équivoque. Je mesurais la chance d'être si divinement entourée. Je me demandais même comment, en plein fracas de mon existence, il m'aurait été possible de survivre sans ces amitiés. Quand les trépieds de ma vie ressemblaient à des tiges frêles et branlantes, qu'il avait été doux de trouver des voix rassurantes, des bras réconfortants et des oreilles attentives. Je sombrai dans un profond sommeil en repensant à toutes ces personnes formidables qui avaient été placées sur mon chemin et envers lesquelles je ressentais une immense gratitude.

30

4

Durant les semaines qui suivirent, je pensais très fréquemment à Pierre sans ressentir pourtant le besoin de l'appeler ou peut-être que je n'osais pas, tout simplement. Le fait de me relier à lui par la pensée me suffisait et soulevait en moi une sorte d'effervescence tranquille. Je m'amusais à lui envoyer mentalement un jet de tendresse, imaginant un fil partant de mon cœur et parcourant les huit cent kilomètres nous séparant à la vitesse de l'éclair pour rejoindre directement son cœur à lui. Cela faisait du bien ! Je m'apercevais que Don Pedro avait réveillé en moi la puissance absolument magique de l'imagination. D'ailleurs, dans le mot imagination, il y a le mot « magie ». Enfant, j'avais passé des heures et des heures, grimpée dans le chêne qui donnait sur le balcon du salon de mes parents à l'arrière de la maison, à rêver, appuyée au creux de l'écorce, polie à force de s'y frotter. Je rêvais d'étoiles, de princes charmants, de fées et de princesses, de pays aux merveilles, de rois bons et loyaux. C'était une façon de m'échapper, car rien ne peut empêcher à l'esprit de vagabonder dans des contrées fantastiques. Je retrouvai en cet instant cette joie si pure et cristalline d'un cœur qui s'émerveille.

Les fêtes étaient arrivées très vite. J'avais eu la joie de retrouver mes filles pour Noël et de partager des petits moments courts mais tellement exquis. Puis, les festivités passées, nous avions repris nos routes, chacune de notre côté : elles, vers les bancs de l'école et moi au cabinet. Décembre avait été particulièrement doux et janvier semblait nous signifier que l'hiver était bien au rendez-vous. Ce lundi-là, je feuilletai la Revue Française de Comptabilité, comme chaque début de semaine, afin de me tenir informée des évolutions de lois, des textes et développer mon expertise. Mon regard fut retenu par une photo. Je reconnus Pierre et parcourus avidement l'article qu'il avait écrit autour de l'éthique du métier. Je fus immédiatement touchée par ce qui transpirait à travers ses mots. J'aimais l'humanité de cet homme, son ouverture, sa gentillesse, et sa vision philosophique des choses. Je sentis soudainement un élan m'habiter et sans réfléchir plus que cela, j'agrippai mon téléphone posé sur mon bureau et commençai à taper : « Bonjour Pierre, magnifique ton article sur l'éthique dans RFC ! Pensées pour toi. J'espère que tu vas bien. Je t'embrasse. Viviane. » J'eus quelques microsecondes d'hésitation et appuyai sur la flèche envoyer. Je ne sais pas ce que je m'étais imaginé. Qu'il était scotché à son portable, attendant, depuis notre rencontre, un signe de ma part et qu'il répondrait dans la seconde. Quelle idiote ! En même temps, je ne pouvais pas me cacher le trouble que sa présence avait déclenché en moi. Cela faisait longtemps que je n'avais pas ressenti cela avec un homme. Ça faisait même une éternité, et c'était bon, enivrant même. Je restai donc agrippée à mon téléphone tout le restant de la semaine, passant de l'excitation, dès que le bip annonçait un nouveau message, à la déception dès que je constatais qu'il ne provenait pas de lui. Puis, je décidai finalement de lâcher complètement les attentes que j'avais solidement tissées malgré moi. Je profitai du week-end pour me ressourcer en forêt, c'était le seul moment où mon attention était fixée sur l'écran de verdure au lieu de celui du portable.

Pour ne pas nourrir de faux espoirs, j'avais presque rangé cette histoire dans les oubliettes et qu'elle ne fut pas ma surprise quand, à mon retour, je découvris un texto de Pierre. Je dus le relire plusieurs fois, levant les yeux, réfléchissant, me plongeant à nouveau dedans. Je ne voulais pas me réjouir pour rien, je voulais être sûre de bien comprendre. Heureusement, j'étais seule et je pouvais laisser mon émoustillement transparaître librement, sans craindre les questions. Le message disait ceci : « Viviane, j'ai mis du temps à te répondre. Tu ne peux pas savoir quel bonheur j'ai eu à te lire. Merci. Je me suis senti comme un adolescent de quinze ans à sa lecture. Ça me ferait un immense plaisir de faire un petit Skype si tu le souhaites. Je t'embrasse. P. »

Je sentais mon cœur battre à tout rompre. Je lui plaisais un peu alors ? Sinon, il ne m'aurait pas écrit cela, non ? Ça voulait dire quoi « un adolescent de quinze ans » ? Est-ce que ça signifiait qu'il était amoureux ? Est-ce qu'il ressentait quelque chose pour moi ? Dans ce cas, pourquoi avait-il attendu si longtemps pour me répondre ? Mon cerveau s'agitait tellement que j'avais l'impression de voir mes pensées s'entrechoquer les unes contre les autres à la vitesse de la lumière. Il me fallut un peu de temps pour calmer mon esprit. À plusieurs reprises, j'avais saisi mon portable et commencé à taper un texto, puis m'étais ravisée. Je devais à tout prix résister à l'envie folle de lui répondre sur-le-champ. Je ne voulais pas qu'il me croie « accro ». Je pris sur moi pour trouver des occupations pendant le week-end et ne pas être tentée de lui proposer immédiatement mes disponibilités. Mais mon esprit revenait à lui sans cesse. Le timbre de sa voix résonnait en moi à chaque instant. Je revoyais son visage, son sourire posé sur moi, la peau de sa joue sur la mienne et mon corps exultait déjà.

Je me résolus à envoyer un message le lendemain soir, en repensant aux conseils de Nathalie. Après tout, à quoi rimaient cette mascarade, ces faux-semblants. N'avais-je tout simplement pas le droit de me laisser aller, de m'abandonner ? Depuis ma séparation, mon cœur et mon corps avaient été fermés à toute relation. Je m'étais sentie incapable d'aimer à nouveau, d'être touchée, dans les deux sens du terme. Imaginer une nouvelle liaison avait l'apparence d'un mur infranchissable, un obstacle insurmontable. J'avais même oublié ce frétillement aussi intrigant que délicieux, cette envie féroce de se sentir belle, ce ravissement si particulier.

Comment avais-je pu me couper si longtemps de cette sensation si agréable ? Tout cela était évidemment hors de contrôle. On ne peut pas décider d'enflammer son cœur, il s'enflamme, c'est tout. Cependant, il m'apparaissait comme une évidence que la rencontre pouvait avoir lieu à partir du moment où nous étions dans une certaine disposition intérieure, une ouverture, tel un appel invisible, imperceptible, qui néanmoins aspire à être deux. Pourquoi alors chercher à freiner cet élan ? Par peur de la méprise, par peur de se tromper, d'être déçue et de souffrir surtout ? Je n'avais plus envie de me retenir, de me contenir, de refréner mon élan. Je voulais honorer cette vie qui bouillonnait en moi comme un feu ardent. Je pris donc mon téléphone et laissai mes doigts taper sur le clavier : « Pierre, merci pour ton petit mot. Moi aussi, j'aimerais beaucoup que l'on trouve un moment pour échanger. Je suis disponible en soirée demain ou après-demain. Dis moi ce qui te convient. Je t'embrasse. Viviane. »

Quelques minutes plus tard, le bip de ma messagerie me fit sursauter: « Je t'appelle demain vers vingt heures. Passe une bonne soirée. À demain Viviane. Je t'embrasse. Pierre. »

Je laissai la vague de chaleur m'envahir et envelopper mon être tout entier. Un sourire presque imperceptible vint se dessiner sur mes lèvres. Des effluves de roses effleurèrent mes narines. Je baignais dans une sorte de brume cotonneuse. Le sommeil ne tarda pas à me gagner et j'en profitai pour me coucher tôt. Je savais que la semaine qui allait suivre serait intense et j'avais ce désir d'embarquer sans résister.

36

5

Lundi vint me cueillir dès six heures du matin avec un entrain certain. Je pris le temps de déjeuner tranquillement, laissant l'odeur du café et du pain grillé me réveiller totalement. J'avais envie de savourer chaque parcelle de cette journée qui s'annonçait. Au bureau, je me surpris de l'efficacité redoutable avec laquelle je traitai mes dossiers, les uns après les autres. Les heures semblaient pourtant s'égrainer plus lentement qu'à l'habitude. J'en profitai pour boucler toutes les affaires laissées en suspens, passer des coups de fil, me mettre à jour dans mon administratif. À dix-huit heures trente, je quittai le cabinet, satisfaite de mes accomplissements et pressée de rentrer chez moi. J'avais besoin de me poser avant l'appel de Pierre.

Je pris une douche, fit mon brushing, me maquillai légèrement, changeai quatre fois de tenue, enfilai même mes escarpins quelques minutes avant vingt heures. C'était pourtant juste un rendez-vous par Skype, pas une rencontre au sommet. Pourquoi tant de préparatifs, de précautions ? En même temps, me faire belle me mettait en joie. Tout était prêt. Je vérifiai plusieurs fois ma ligne internet pour valider son bon fonctionnement, et me plantai devant l'écran un peu tendue et sur le qui-vive tout de même. Quand je vis la photo de Pierre s'afficher sur l'écran et la sonnerie retentir, je pris quelques instants avant de décrocher pour calmer mon agitation. Sans m'en apercevoir, je m'aperçus que mon souffle était bloqué et que j'étais en apnée. En entendant le son de sa voix, je sentis la pression retomber instantanément. Il était assis sur un canapé de couleur crème, avec sur le dos un simple t-shirt. C'était étrange de le découvrir dans son environnement que je devinais discrètement derrière l'écran. Le voir en tenue décontractée me faisait bizarre aussi. Je l'avais toujours croisé dans des contextes professionnels où le costume était de mise. Ce qui me frappa c'est de le découvrir dans sa simplicité sans masque et sans fard. Je m'en voulus presque d'avoir cherché de mon côté à me montrer sous mon meilleur jour. Nul besoin de briser la glace, Pierre avait cette faculté de rendre les choses simples par son unique présence et de créer les liens avec une aisance parfaitement naturelle. C'est ce qui me plaisait d'ailleurs chez lui. La discussion tourna autour de notre vision commune de l'éthique, une valeur que nous partagions à cent pour cent. Quand nous évoquâmes brièvement notre vie actuelle, il me sembla que, doucement, nous commencions à nous immerger dans quelques petites parcelles de notre intimité, comme une invitation à mieux se connaître. L'heure passée ensemble se déroula avec une fluidité telle que nous aurions pu la poursuivre jusqu'au bout de la nuit. Nous décidâmes de nous rappeler le week-end suivant pour continuer notre discussion.

C'est comme cela que tout avait démarré. Toute la semaine, nous avions communiqué par SMS, petits mots échangés comme un fil qui relie, pensées à peine dévoilées, écrites dans un murmure voulant signifier : tu es présent dans mon esprit. Découverte enthousiaste, sourires qui se dessinent, joie qui émerge, papillons dans le ventre... machine qui s'emballe sans pouvoir la retenir, vague qui submerge, feu dévorant, tornade qui dévaste tout sur son passage. Et, au milieu de tout ça, cette idée lancinante qui revient sans cesse : Viviane, es-tu certaine de vouloir entretenir une relation avec type d'homme ? J'avais souffert dans le passé, du désintérêt de Richard pour cette quête de connaissance de soi sur laquelle était basée toute mon existence. Je m'étais alors jurée de n'envisager de nouvelles fréquentations que sous cette condition. Sauf que là, j'avais beau me le dire, c'est à Pierre que je pensais sans cesse comme s'il me collait à la peau, tel un aimant, annihilant toutes mes résistances, rendant vaine ma volonté, mes velléités d'accéder à ma raison, mes tentatives de le chasser de mon esprit. Tout était inopérant, inefficace, infructueux, hors de contrôle. Au travail, j'éprouvais beaucoup de difficultés à me concentrer, perdue dans mes divagations, égarée dans de doux rêves chimériques.

Pierre, à sa manière aussi, ne faisait pas non plus dans la demi-mesure. Il ne calculait pas. C'était quelqu'un d'entier, de généreux, d'excessif parfois. Il s'offrait totalement. Ce don à profusion me terrorisait parfois. Je n'étais pas certaine d'être capable de tout accueillir. Il m'avait dit « Je t'aime » une semaine après ce premier Skype, comme ça, spontanément. Ce n'était pas de la désinvolture, j'en étais convaincue, il était réellement sincère et surtout éperdument amoureux. Il n'avait pas besoin de réfléchir, il le savait c'est tout, et puisque c'est ce qu'il ressentait avec force, il le disait. C'était aussi simple que cela. Pourquoi compliquer les choses ? J'avais tenté de le réfréner, arguant que c'était un peu tôt. Il ne m'avait pas répondu et avait continué à me le dire, à me l'écrire plusieurs fois par jour. Nous ne nous étions pas revus, jamais mes lèvres ne s'étaient posées sur les siennes, jamais nos corps ne s'étaient enlacés et déjà, il me disait qu'il m'aimait. Comment pouvait-il en être aussi sûr ? Ne doutait-il jamais ? De mon côté, mes interrogations allaient bon train, entre ma fougue et l'envie de me laisser aller d'une part, et de l'autre une impulsion m'ordonnant avec véhémence, la plus grande prudence. Au bout de quelques semaines, j'avais fini par me résigner et ces trois petits mots étaient venus effleurer le bout de mes lèvres, comme un doux murmure. Le sourire large et radieux qui s'était alors dessiné sur le visage de Pierre, les larmes qui étaient apparues discrètement au coin de ses yeux m'avaient profondément émue. Ce qui pour moi, au départ, n'avait pas été vraiment naturel et spontané, s'était transmuté avec plus de facilité. Nous passions des heures et des heures à parler sur Skype, nous prenions notre petit déjeuner ensemble, nous partagions notre dîner par caméra interposée. Puis, un jour, la question inévitable, mue par un désir irrépressible est arrivée : quand allions-nous nous revoir pour de vrai ? Cette relation virtuelle avait quelque chose de confortable, elle laissait part à une certaine magie. Je sentis une tension monter. Et si tout ça, justement, n'avait été qu'un rêve fabriqué de toutes pièces, un scénario inventé ? Que se passerait-il si, au moment de la rencontre, je constatais que finalement je m'étais trompée, que ce que j'avais cru ressentir n'était que chimère. Et si la déception provenait de lui, qu'il découvrait finalement que je n'étais pas cette personne qu'il avait fantasmée, que je n'étais pas à la hauteur de ses attentes et qu'il me repoussait aussi vite qu'il m'avait dit je t'aime? J'avais cette « trouille au ventre », que je ne m'autorisais pas à partager avec Pierre, et que j'essayais de réprimer du mieux que je pouvais. La peur de voir la méfiance s'immiscer entre nous me tiraillait si je me risquais à lui avouer mes craintes et mes doutes. Je ressentais en lui un tel besoin d'être aimé. Sous ses airs très sûrs de lui, j'avais perçu cette soif inextinguible et je ne voulais pas être la cause d'un éventuel désenchantement. Je me gardai donc de tout commentaire et acceptai sa proposition de venir le rejoindre en Alsace le deuxième week-end de mars.

6

Une sorte d'effervescence avait pris place à l'idée de se retrouver. Tout était allé tellement vite. C'était vertigineux. Nous étions comme deux enfants comptant les jours qui nous séparaient du moment où, enfin, nous pourrions être ensemble, comme pour rendre l'attente plus supportable. Puis c'était les heures que nous avions décomptées. Dans le train qui me conduisait à Colmar, j'avais l'impression que l'ensemble des personnes présentes dans le wagon pouvait entendre les battements de mon cœur, qui cognait violemment sous ma cage thoracique. Une sensation étrange, un mélange confus d'empressement et d'affolement, un métissage curieux de tempérance et d'exaltation. Quand je descendis sur le quai, je sentis mes jambes flageoler légèrement. Je pus, par chance, m'appuyer sur la poignée de ma valise cabine pour éviter de tomber. Je m'arrêtai, tournant la tête à gauche et à droite, cherchant Pierre sur le quai sans le voir. Pendant quelques secondes, l'idée qu'il pourrait ne pas se présenter au rendez-vous effleura mon esprit et provoqua en moi un léger affolement. Puis, une fois que les passagers se furent peu à peu dispersés, je l'aperçus. Il était debout, immobile sur le quai. Il me regardait fixement.

Il ne souriait pas, mais l'intensité de son regard en disait long. Je m'approchai et au moment où je me retrouvai face à lui, il ouvrit grand ses bras pour m'enlacer. À cet instant, tous mes doutes s'évaporèrent. Je m'abandonnai à la douce chaleur de son étreinte. Nous restâmes longtemps verrouillés l'un à l'autre, comme si l'attente de ces derniers jours rendait ce moment encore plus précieux. La tension accumulée fit place au soulagement. Je n'avais pas été victime d'une hallucination. L'attirance était bien réelle. Nous avions oublié tout ce qui nous entourait sur ce quai de gare humide et froid. Ne subsistait que la tendresse de nos deux corps réunis. Nous nous sentions seuls au monde, imperturbables. Au bout d'un certain temps, nous avions libéré notre étreinte et rejoint sa voiture stationnée près de la gare, nos mains étroitement serrées l'une contre l'autre, échangeant peu de mots, comme si les paroles avaient pu ternir la sacralité de cet instant. Nos doigts étaient restés entremêlés jusqu'à ce que Pierre pousse la porte de son appartement.

J'avais pu découvrir un espace agréable, délicat mélange de moderne et d'ancien. Les vieux fauteuils au cuir défraîchi contrastaient singulièrement avec l'inox parfaitement poli du plan de travail de la cuisine. Le lieu était aménagé avec goût. Je m'y étais sentie bien dès le début. Très sensible à la beauté des habitations, j'aurais été contrariée si, par malheur, j'avais pénétré dans un appartement dénué de charme, vieillot et encombré. Nous avions passé une bonne partie de la nuit sur le sofa, anesthésiés par l'ivresse de nos baisers, bouleversés par la fascination magnétique exercée l'un envers l'autre. Nous en avions oublié la nécessité de manger. Notre appétit de caresses avait suffi à nourrir et remplir nos estomacs. Nous ne pouvions nous détacher, une sorte de fusion suprême, qui laissait cette question en suspens sur nos lèvres, n'invitant bien évidemment aucune réponse : comment avions-nous pu vivre l'un sans l'autre ? Pourquoi avoir tant attendu pour nous rencontrer ? Quelle divine magie pouvait conduire à une union et à une harmonie aussi parfaite ? N'y avait-il pas là un mystère impénétrable et insondable ? Je ne le comprendrai que bien plus tard. À ce moment-là, ma faculté de recul était proche de zéro. J'étais comme plongée à corps perdu dans cette histoire, rendant indisponible toute capacité de réflexion. Sans le savoir, j'étais entrée dans une sorte de labyrinthe, dont il me faudrait des années pour trouver la sortie, et à quel prix.

La nuit avait été courte. Je n'avais presque pas réussi à fermer l'œil, encore sous l'excitation de ce qui venait de se passer. Nous n'avions pas fait l'amour non plus. J'avais encore cette espèce de retenue, et je n'avais pas réussi à me laisser aller complètement pour franchir le pas. J'avais exprimé à Pierre ce besoin de temps pour m'abandonner à lui totalement. Je comprenais mieux désormais pourquoi l'acte amoureux avait toujours été une épreuve, loin de la simplicité naturelle qu'il était censé représenter. Allongée près de Pierre, j'avais alors vu toutes mes peurs remonter avec force, tambourinant à la porte de ma mémoire. Les lueurs d'un autrefois plutôt sordide ramenées depuis peu sur les rives de ma conscience, étaient à nouveau venues me hanter violemment. Je savais que la recouvrance du souvenir ne suffirait sans doute pas à me libérer totalement de son empreinte et que tôt ou tard, il me faudrait affronter cet épisode avec courage. J'avais cru que la sortie de l'amnésie pourrait effacer le sceau qui avait depuis longtemps cadenassé mon corps. Je m'étais visiblement fourvoyée.

J'avais observé Pierre dormir un long moment avant qu'il n'ouvre les yeux, savourant presque honteusement cet instant volé, comme un droit que l'on s'octroie unilatéralement, sans autorisation. J'avais aussi oublié combien c'était plaisant de se réveiller le matin en sentant près de soi la chaleur d'un corps amoureux. À vivre seule, on devient amnésique. Peut-être cela nous protège-t-il aussi de trop en ressentir le manque. C'était probablement mieux comme cela au fond.

Le regard langoureux qu'il avait posé sur moi à son réveil m'avait rassurée. Il me découvrait décoiffée, le visage sans doute encore marqué par les plis de l'oreiller et l'insuffisance de sommeil. Je me livrais nue, sans fard et sans tricher. Comment arrivais-je encore à me poser ce genre de question, car de l'autre côté, cette interrogation à son égard ne m'avait même pas effleuré l'esprit. Je le regardais et je le trouvais beau, c'est tout.

Nous avions pris notre petit déjeuner tranquillement, évoquant chacun les aléas de nos parcours. Pierre vivait seul depuis son divorce et il était très autonome, cela se voyait dans sa façon de préparer le jus de fruits frais dans la centrifugeuse, de nettoyer les ustensiles après utilisation, de ranger. Cela me rassurait. Je n'étais pas ce genre de femme à assumer pour deux la charge d'une maison et de l'intendance. Je n'avais jamais repassé les chemises de Richard et ce n'était pas maintenant que j'allais commencer.

De toute évidence, j'avais pris le contre-pied de ce qui se passait chez moi, enfant, où ma mère, bien qu'elle travaillât, assumait entièrement et seule, ces tâches sans se plaindre. Je trouvais cela tellement injuste, que je m'étais promis de ne supporter aucun écart et avec un entêtement sans nom, j'avais eu à cœur de défendre bec et ongles ce droit à l'équité totale, qui parfois frisait le ridicule.

En fin de matinée, Pierre m'avait proposé de me montrer Colmar. Nous avions déambulé, serrés l'un contre l'autre, à travers les ruelles étroites bordées de maisons à colombages. Cela contrastait radicalement avec les paysages de bord de mer qui m'étaient familiers. La surface paisible de la Lauch tranchait avec le bouillonnement écumant de l'océan. Nous nous étions assis sur une terrasse chauffée, enroulés dans des plaids prêtés par la maison. La fraîcheur du climat semblait ne pas dissuader les habitants de profiter des rares rayons de soleil qu'offrait ce samedi de mars. Je n'avais pas lâché ma tasse brûlante pour réchauffer mes doigts glacés et Pierre avait souri de me voir ainsi si frigorifiée. En milieu d'après-midi, il m'avait dit qu'il voulait faire une brève visite à sa mère, rue Saint-Gilles dans la maison de retraite où elle séjournait depuis la mort de son mari. J'avais voulu mettre mon véto, prétextant qu'il était beaucoup trop tôt pour que nous soyons présentées. Pierre avait alors appuyé sur le fait que cela ferait plaisir à sa mère de le voir accompagné, désireuse de le voir refaire sa vie après un divorce plutôt chaotique. Elle commençait à montrer les premiers signes d'Alzheimer et je sentais bien que Pierre avait à cœur d'illuminer, du mieux qu'il le pouvait, les derniers jours lucides de sa mère. Je cédai donc sous le poids de ses arguments. À peine, eussé-je accédé à l'entrée du bâtiment que je fus saisie par cette odeur si commune à ce type de lieux. Je reconnus ce même effluve désagréable, qui pénétrait mes vêtements à chaque fois que je visitais ma grand-mère à l'hôpital local, où elle se dégradait peu à peu, attendant désespérément que la mort vienne la cueillir. Je n'avais jamais supporté ce genre d'endroit. Je n'en voulais pas au personnel soignant qui faisait de son mieux avec les moyens en sa possession pour s'occuper des résidants. Mais je ne pouvais m'empêcher de penser à ce désœuvrement immédiatement palpable de ces vieillards, qui pour la plupart avait perdu toute dignité. Je n'étais donc pas très à l'aise de rencontrer la mère de l'homme que j'avais embrassé pour la première fois depuis moins de vingt-quatre heures et de surcroît dans ce lieu. Je rassemblai néanmoins tout mon courage pour faire bonne figure et honorer Pierre de ma présence. C'était uniquement pour lui que je le faisais. La rencontre avait été agréable. Cette femme avait dû être extrêmement belle par le passé. Bien qu'elle fût diminuée par le poids de l'âge, il se dégageait d'elle, encore, un port altier, une certaine forme d'autorité aussi. Elle avait dû être une figure, quelqu'un qui dirige son monde surtout pour son époque. Elle avait peu parlé, mais j'avais senti dans son regard, qu'elle m'avait adoptée. Elle semblait me dire : « Prenez soin de mon fils ». À cet instant s'était signé entre nous un accord tacite. Je ne pouvais pas la décevoir. J'avais été touchée par la tendresse de Pierre à son égard. Il était prévenant et ses gestes attentionnés. L'humidité, presque imperceptible que je voyais naître dans ses yeux, rappelait sans doute l'avant-goût d'une mort imminente et inéluctable. Il semblait vouloir goûter jusqu'au bout le parfum maternel avant le dernier au revoir. C'était étrange pour moi d'entrer dans cette intimité mère-fils, d'en être le témoin. Mes propres parents étaient beaucoup plus jeunes et prenaient encore soin l'un de l'autre. Certainement qu'il en serait tout autrement à partir du moment où l'un d'entre eux viendrait à partir.

— Merci, m'avait dit Pierre, empli de reconnaissance, en sortant du bâtiment. Merci Viviane, pour cette joie que j'ai vue briller dans les yeux de ma mère.

D'un seul coup, toutes mes incertitudes sur la pertinence de son initiative avaient fondu comme neige au soleil. Ne subsistait alors que l'assurance d'avoir bien agi en faisant du bien autour de moi. La journée n'était pas finie et je n'étais qu'au début de mes surprises, puisque quelques heures plus tard, Pierre m'annonça qu'il avait prévu un dîner au restaurant pour me présenter à ses meilleurs amis le soir même. Je ne voulais pas contrarier son enthousiasme spontané et jugulai cette envie irrépressible de passer du temps seule avec lui. Sa présence m'aurait suffi. Je ne ressentais pas le besoin de m'entourer davantage. J'avais cette sensation d'être prise dans un rouleau compresseur, tout allait à une vitesse vertigineuse. Sa mère, ses amis... alors que je ne connaissais encore rien de lui. À la fois, j'étais flattée de voir à quel point j'avais de l'importance dans sa vie, sa confiance absolue dans l'amour qu'il me portait m'honorait. Sa dévotion me faisait perdre tous mes repères et rendait impossible toute forme de négation. Comment rejeter quelqu'un qui m'aimait à ce point quand, au fond, c'est ce que l'on cherchait depuis toujours ? Je suivis donc le mouvement inexorable vers la démesure d'une passion proche de l'embrasement.

J'avais reçu un accueil formidable de la part de ses amis. Ils semblaient tellement contents de voir Pierre heureux et amoureux. Par le passé, ils avaient été si souvent les témoins impuissants d'humiliations répétées, d'ambiances ravageuses et de soirées ratées, qu'ils aimaient doublement que leur ami puisse enfin faire l'expérience d'une relation sereine et aimante. Endosser ce rôle me convenait alors parfaitement, moi qui étais engagée dans cette démarche d'épanouissement personnel et de surcroît depuis ma rencontre avec Don Pedro. J'avais été au centre des attentions, un peu à la manière d'un cabinet de curiosité. Je semblais pourtant détonner dans ce cercle composé d'avocats, de juristes, de médecins, même si j'étais moi-même expert-comptable. Je ne me sentais plus appartenir à cette profession ou en tout cas je n'y étais plus identifiée. Mes préoccupations s'éloignaient chaque jour davantage de celles qui avaient été miennes par le passé : comment progresser dans son job, comment développer l'activité, où partir en vacances, investir ou pas ? Depuis mon divorce, mon monde avait plutôt tourné autour des questions relatives à la croissance personnelle. J'en avais presque oublié qu'il y avait aussi cette réalité, même si je la côtoyais dans mon travail. Mes intérêts avaient évolué aussi. Chez moi, je passais mes soirées à écouter des conférences autour du bien-être, et je n'arrivais plus à masquer mon ennui quand les thèmes de discussion tournaient autour de la crise, des scandales politiques, des attentats. Non que le malheur m'indifférât, bien au contraire, mais il était maintenant clair que la critique, la peur, la négativité ne pouvaient être propices à des changements positifs. Au contraire, ils ne servaient qu'à maintenir les choses en l'état, voire à les empirer. J'avais donc choisi depuis peu, de porter mon regard sur les initiatives constructives, les évolutions audacieuses, les personnalités authentiques, et je m'en portais beaucoup mieux. Je sais que pour certains cette attitude pouvait être assimilée à de l'égoïsme. J'avais pour ma part la conviction que je pourrais être d'une aide bien plus grande si je nourrissais cet optimisme et que je rayonnais au lieu de me laisser entraîner dans le pessimisme ambiant.

Après des années de célibat, j'avais l'impression de revivre. Je m'enivrais de ses baisers, cherchant son contact, comme si ma peau, déjà, ne pouvait plus se passer de la sienne, une sorte d'aspiration ardente et impérieuse. Je retrouvais la fougue de ma jeunesse, quand le cœur battant, je retrouvais mon amoureux derrière la salle de sport. Nous avions passé le dimanche enlacés l'un contre l'autre. Au fur et à mesure de la journée, je sentis naître en moi une appréhension grandissante, remplaçant progressivement l'insouciance joyeuse des dernières heures. Bientôt, Pierre me déposerait à la gare, bientôt, nous échangerions un dernier baiser enflammé, bientôt je prendrais place dans le wagon le cœur lourd et regarderais à travers la vitre sa silhouette sur le quai devenir peu à peu minuscule, puis disparaître. Plus les heures avançaient et moins je parvenais à me défaire de cette idée, m'empêchant de savourer pleinement ces instants. Soudain, toutes les difficultés à venir me frappaient de plein fouet. Comment allions-nous gérer cette distance ? Quelle organisation pourrions-nous mettre en place ? Des questions sans réponses, évidemment. J'eus la plus grande des peines à sourire au moment de l'au revoir. C'était pire qu'un déchirement, comme si j'étais tout à coup amputée d'une partie de moi-même. Nous ne savions même pas quand il serait possible de nous revoir. Rien, absolument rien à quoi me raccrocher, le vide, le néant, encore. Pierre avait semblé à l'aise, confiant. J'admirais sa capacité à segmenter sa vie et à en savourer les parts une par une, pleinement. J'étais certaine que tout à l'heure, il reprendrait son quotidien normalement. Pour moi, les tranches d'hier et de maintenant, d'avant et d'après semblaient déjà s'entremêler les unes aux autres, entraînant une immense confusion. Je passai tout le trajet à revisiter chaque instant : mes mains se promenant sur sa barbe naissante, la douceur de ses cheveux sous mes doigts, son odeur que, déjà, j'aurais pu reconnaître entre mille, ce sentiment si fort de protection lorsque je me tenais serrée dans ses bras. Il me manquait déjà.

7

La semaine avait repris, entre rendez-vous professionnels, réunions et intendance. Le rythme effréné ne me pesait pas, j'étais comme transportée sur les ailes de l'amour. Je souriais encore plus que d'habitude. Il m'avait été impossible de cacher plus longtemps cette relation. D'ailleurs, je ne sais pas comment font les personnes pour garder secrètes leurs liaisons. J'avais envie pour ma part de crier mon bonheur au monde. Très vite j'avais présenté Pierre comme l'homme de ma vie, il n'y avait aucun doute. Je l'avais affublé de toutes les qualités, occultant tout ce qui aurait pu venir ternir son image. Je m'étais laissée croire qu'il était l'homme idéal, refusant de voir, sans m'en rendre compte, toutes ces petites choses qui, en d'autres temps, auraient pu m'agacer, ou franchement me déplaire. Enfermée dans une sorte d'aveuglement, je laissais inconsciemment des pans entiers de sa personnalité reposer dans l'angle mort du rétroviseur, invisibles à ma vue, inaccessibles à ma compréhension, exclues de ma vigilance habituelle.

Peu à peu, sans que je m'en aperçoive, ma vie entière avait tourné autour de Pierre. Il était devenu ma seule et unique préoccupation. Nous passions des heures le soir et le matin à échanger sur Skype. À défaut d'être ensemble physiquement, pouvoir se voir sur l'écran était un luxe inestimable, comparé au téléphone. Au travail, j'avais de plus en plus de mal à me concentrer. Mon attention était sans cesse orientée vers lui : où était-il ? Que faisait-il ? Pensait-il à moi ? Comme pour me rassurer, je lui envoyais un texto, puis deux, puis trois, guettant anxieusement sa réponse. Dans le feu de la passion, je n'avais pas vu immédiatement dans quel jeu pernicieux j'étais entrée. Tant d'indices auraient dû m'alerter : le mal-être grandissant en moi d'abord, mais les moments avec lui étaient d'une telle intensité qu'ils venaient compenser cette déperdition progressive.

Pris dans ses obligations professionnelles, il n'avait que peu de possibilités de venir me voir chez moi. Tous les quinze jours, je me voyais donc traverser la France pour passer du temps ensemble. Je rentrais la plupart du temps épuisée, par le manque de sommeil, la fatigue liée au voyage et la puissance de ce qui avait été vécu et partagé. Peu à peu, j'avais coupé les liens avec mes amis, même les moments partagés avec mon amie Nathalie devenaient de plus en plus rares.

Pierre m'avait plusieurs fois entendue en pleurs au téléphone, quand je lui partageais ma frustration de ne pas pouvoir le voir plus souvent. Il avait cette aptitude à minimiser la situation, m'invitant à profiter des moments où nous étions ensemble. Il trouvait que je me posais trop de questions, que je me torturais l'esprit et que j'avais cette aptitude à ruminer pour rien. Il me répétait inlassablement qu'il avait envie que les choses soient simples entre nous. Quand je lui faisais part de ma lassitude physique, il me proposait de laisser passer une semaine supplémentaire. Imaginer être séparée de lui aussi longtemps provoquait une telle panique en moi, que je préférais lui cacher à quel point mon corps n'en pouvait plus et je venais le rejoindre malgré tout. J'avais fini par croire que c'était lui qui avait raison. C'est bien ce que Don Pedro m'avait enseigné : vivre l'instant présent. Pierre savait le faire, lui, et pourtant il n'était engagé dans aucun chemin spirituel. Je commençais à me dire qu'il avait sûrement raison, que je n'avais sans doute rien compris.

Il portait une oreille distraite tout cela, arguant que c'était se compliquer la vie. Je pouvais aisément le comprendre. Il avait passé vingt ans auprès d'une épouse dépressive qui malgré dix années de thérapie n'avait jamais réussi à vivre normalement et était restée engluée dans un mal-être insondable. Pierre avait ainsi développé une méfiance épidermique envers les psys et les thérapeutes qu'il qualifiait de charlatans voire de dangereux.

Un après-midi où je l'avais rejoint pour le week-end à Colmar, je m'étais aventurée à lui parler de ma lassitude pour le métier d'expert-comptable et cette idée qui avait émergé quelques mois plus tôt en Ardèche.

— Tu sais, je sens que j'arrive un peu au bout de mon métier. Il me semble en avoir fait le tour. J'ai de plus en plus de mal à y trouver du sens, j'ai l'impression que ma place est ailleurs.

— Et que voudrais-tu faire ?

— Un jour, j'ai eu un flash. Je me trouvais dans une salle de classe avec des enfants et depuis, cette idée ne me quitte plus. À chaque fois que je pense à cela, je sens un appel intérieur comme un nouvel élan.

— Tu veux dire que tu imagines être institutrice ?

— Je ne sais pas, mais cette simple évocation fait naître de l'enthousiasme en moi. Et au moins, cela aurait du sens, j'aurais l'impression d'être utile, de servir à quelque chose.

— C'est sûrement un passage. Peut-être tu devrais te spécialiser. Cela te redonnerait une impulsion. Pourquoi ne pas venir travailler avec moi ici ? Tu sais, être avec des enfants toute la journée, tu vas aimer cela au début, et puis ça risque d'être épuisant non ?

— Écoute, peut-être… c'est juste que j'ai du mal à trouver la motivation. Je sais que toi, tu es passionné par ton métier. Cela n'a jamais vraiment été mon cas. Je me suis retrouvée là, parce qu'à un moment donné il a fallu que je choisisse une voie. J'étais plutôt douée à l'école et donc j'ai suivi ce parcours, un peu malgré moi, mais tu sais j'ai toujours cette impression d'être dans une forme d'effort. Tout cela n'est pas vraiment naturel, comme cela semble l'être pour toi. Je ne me suis jamais vraiment sentie à ma place.

— Tu devrais te faire plus confiance, Viviane. Tu as d'énormes capacités, mais tu ne crois pas en toi.

Je m'étais tue et j'étais retournée dans mes chimères, je l'avoue un peu déçue. Sur cette question de confiance, Pierre avait raison évidemment. Mais au fond de moi, j'aurais aimé qu'il me soutienne dans ce possible « projet ». J'aurais voulu qu'il me dise : c'est génial comme idée, vas-y, si c'est cela que tu as envie de faire. Comment puis-je t'aider ? Besoin d'encouragements, de validation. Au lieu de cela, je sentais qu'il n'approuvait aucunement cette piste éventuelle et qu'il ne serait d'aucun soutien si, le cas échéant, j'étais amenée à faire ce choix.

Au cours des mois qui avaient suivi, j'avais remis cette question à plusieurs reprises sur le tapis et à chaque fois sa réaction avait eu la même teneur. J'avais fini par garder mes doux rêves pour moi et renoncé à les lui partager, ravalant une sorte d'amertume que je n'osais m'avouer.

Je me sentais de plus en plus taciturne. J'avais de la difficulté à retenir mes larmes, même au travail. Je ressentais une sorte d'épuisement physique comme si mon corps n'arrivait plus à me porter. J'avais pourtant le sentiment que ces week-ends dans les bras de Pierre me faisaient du bien. J'oubliais, l'espace de quelques heures, combien j'étais épuisée, vidée de mon énergie.

Au fil des mois, l'excitation des retrouvailles s'était transformée en attente fébrile. L'angoisse de la séparation et de l'éloignement était devenue quasiment insupportable. De plus en plus fréquemment, quelque chose se serrait au niveau de ma gorge, puis une pression au plexus, telle une lame acérée coincée dans un étau.

Ce bonheur qui devait pourtant me réjouir provoquait un mal-être insoupçonné. Son absence m'empêchait de savourer ces petits moments qui auparavant me nourrissaient. J'étais au garde-à-vous, prête à tout pour être auprès de lui. Des centaines de fois par jour, je scrutais la petite enveloppe de mon téléphone qui pourrait annoncer un message de sa part. J'en arrivais à être déçue quand je découvrais que ce n'était pas lui.

Je n'avais pas vu qu'inexorablement ma joie s'était envolée, je n'avais pas vu que, petit à petit, je m'étais amputée d'une partie de moi-même. Ou sans doute, n'avais-je pas eu le courage de regarder la réalité en face. Cette quête qui était la mienne faisait partie de mes besoins fondamentaux, de mon équilibre, de ma raison de vivre et peu à peu je me coupais de ce qui était le plus cher à mes yeux. J'étais dans un dilemme cornélien où tout choix signifiait la mort en quelque sorte : partir et me retrouver seule, rester et continuer à laisser la vie me quitter. Dans les deux cas, je savais qu'il me faudrait affronter un vide que je croyais pourtant avoir apprivoisé.

8

Je me réveille. Avant même d'ouvrir les yeux, je sais déjà que je ne vais pas bien. C'est terrible cette sensation. Mon corps est lourd, les corbeaux nichés dans ma tête ne me laissent plus aucun répit, sauf quand je dors. Au moindre mouvement, ils commencent à s'affairer et à m'assourdir de leurs croassements incessants. Je suis obligée de faire un effort surhumain pour faire cesser ce bruit assourdissant, mais en vain.

Alors, je sais à quoi va ressembler ma journée. Je vais me pousser hors du lit, car je ne suis pas du style à rester allongée sans me lever, toutefois, je sais que le combat a repris. C'est vrai parfois, je traîne un peu. Je sens que je n'ai plus la force et puis je parviens malgré tout à trouver un semblant d'énergie pour ne pas me laisser complètement aller. Car au fond de moi, je sais ce que cela signifie si je commence à ne plus me lever, à ne pas m'habiller. Je n'ai pas franchi cette frontière-là, encore.

Je rêve de prolonger les nuits jusqu'à l'éternité, de me laisser envelopper plus longtemps dans leur silence, de jouir de cette tranquillité de l'esprit. La nuit, quand je dors, il n'y a plus de craintes, plus d'angoisse, plus de lourdeur, le temps n'existe plus. Je n'ai plus à lutter, plus à combattre, je peux juste m'abandonner à la douceur du néant.

Ce serait fabuleux d'ouvrir les yeux, d'être allongée, de ressentir pleinement ce que ça fait d'être vivant, de se réjouir de la journée fantastique qui nous attend, de ressentir cette envie de croquer les heures à venir. Simplement d'être là, et d'être heureux, avant même d'avoir ouvert les yeux…

Je me lève donc et je me prépare le petit déjeuner sans pouvoir trouver le bouton arrêt de la ritournelle dans mon cerveau. Je n'arrive même plus à distinguer les mots précis qu'elle me répète inlassablement. Je sais pourtant qu'il me suffirait de lui dire stop, de respirer profondément, mais même ça, je n'en ai pas la force. Je suis tellement épuisée. Je n'arrive plus à réfléchir. Je me sens comme aspirée dans un tourbillon dont je ne peux m'extraire. Je m'en veux de me voir couler sans pouvoir interrompre cette chute implacable. J'ai pourtant toutes les connaissances. Je sais ce qu'il serait bon de faire, mais c'est comme si toutes ces recettes ne fonctionnaient plus, comme si j'avais tout oublié.

Je m'en veux d'être dans cet état. À peine six mois que Pierre et moi sommes ensemble, je devrais être sur un petit nuage, non ? C'est comme ça normalement les débuts d'une passion. Ce qui me surprend c'est ce contraste, cet immense décalage entre les moments où, dans les bras de Pierre, ces questions disparaissent, englouties totalement dans cet amour frénétique qu'il me voue, et l'immense détresse dans laquelle je me retrouve plongée dès que j'ai posé mon pied sur le marchepied du train. L'écart est vertigineux, abyssal, incompréhensible. La douleur créée par la distance recèle en elle autant d'intensité que la joie ressentie quand je suis près de lui. Malmenée par le yoyo de ma vie émotionnelle, je me dis que je devrais tout arrêter, puis à peine son regard plonge-t-il dans le mien que je perçois l'impossibilité de cette option. Je passe ainsi des mois, ballotée, incapable de faire un choix, à l'instar d'une girouette tournant au gré du vent.

Je décide d'appeler Nathalie, à qui je n'ai pas parlé depuis quelques semaines déjà.

— Bonjour Nathalie. Comment vas-tu ?

— Écoute, plutôt bien, j'ai eu des semaines un peu chargées avec les examens de fin d'année, ça se calme un peu. Et toi ?

Silence. Je me mets à pleurer, étranglée par les sanglots. Je sais qu'avec Nathalie, je peux tout lâcher. J'ai la certitude qu'elle ne jugera pas mes larmes. Je peux donc m'autoriser à les laisser couler sans retenir, sans fard, sans artifice. Elle ne parle pas, elle non plus, mais je sais qu'elle est là, présente à ce qui se passe dans l'instant. Sans un soupir, dans un pur accueil, elle ne cherche pas à me questionner, à me donner des conseils, elle m'honore juste de sa douce et discrète compagnie. C'est tellement précieux une amitié qui s'offre sans attente, avec cette simplicité emplie de tendresse.

Au bout de quelques minutes, je peux enfin reprendre mon souffle et laisser les mots franchir la porte de mes lèvres.

— Je suis complètement perdue. Je suis en train de m'écrouler Nathalie. Je suis tellement fatiguée, à bout de forces. Je n'en peux plus. Tous ces déplacements en Alsace…

— Et Pierre, il ne peut pas venir, lui ?

— Je lui en ai parlé à plusieurs reprises, mais il semble être tellement occupé. En même temps, il ne me force pas à venir le rejoindre aussi souvent. Tu vois, je me sens prise dans une sorte d'impasse. Je n'arrive pas à me résoudre à ne pas le voir et à la fois je vois bien que mon corps est en train de me dire stop. J'ai bien peur d'être en train de retomber en dépression.

— Il faut vraiment que tu prennes soin de toi. De quoi aurais-tu envie ?

Dans un profond soupir, je m'entends répondre :

— De repos, juste de repos…

— Parfait, et alors que souhaites-tu décider ?

— Je crois que je vais prendre mon vendredi et me laisser trois jours pour vraiment souffler.

— C'est une bonne résolution. Tu sais que généralement je n'ai pas cette habitude de vouloir te dicter ta conduite, mais là je pense qu'il y a une vraie urgence à te mettre en priorité.

Encore une fois, Nathalie avait visé juste. Je le savais mais cela faisait du bien de l'entendre à nouveau. Elle m'avait confié après coup qu'elle avait assisté au spectacle de ma chute sans vraiment pouvoir l'empêcher. Elle s'était parfois inquiétée de voir la joie progressivement me quitter sans trouver les mots qui auraient provoqué une sorte de déclic. Elle avait essayé à sa manière délicate de m'alerter, mais, finalement, j'étais restée sourde à ce qu'elle me disait, trop amoureuse ou plutôt trop attachée, pour parvenir à avoir ce recul pertinent sur les choses. Est-ce à dire que nous avons besoin de vivre certaines expériences pour comprendre et réellement évoluer ? Certainement. Dans tous les cas, nous entendons souvent ce qui nous arrange. Nous voyons les événements au travers de nos propres filtres. Nous refusons de voir ce qui pourrait venir perturber le scénario habilement élaboré qui vient servir nos plans. Ce qui était sûr, c'est que j'avais eu besoin de m'effondrer totalement pour réaliser combien je me reniais, combien je m'oubliais au profit de l'autre, combien je renonçais pour quémander de l'amour, combien je pouvais m'anéantir dans le but de me sentir aimée.

J'avais donc pris trois jours de congé, qui n'avaient finalement pas vraiment permis de me reposer. Comme par hasard, Annabelle m'avait appelée pour que je vienne la chercher au train. Elle avait décidé de rentrer pour le week-end. Je la voyais si peu, que j'avais évidemment accepté et j'avais passé une grande partie de la journée à cuisiner pour lui faire plaisir. Je savais qu'elle apprécierait les petits plats de maman. Nous avions passé un agréable moment. Cela m'avait fait du bien de la voir. En revanche, j'avais débuté ma semaine encore plus exténuée. J'ai compris bien après pourquoi dans ces moments d'épuisement, où ce que l'on désire le plus, c'est qu'on nous laisse tranquille, pourquoi nous sommes encore sollicités davantage. Comme s'il y avait une recrudescence de demandes de toutes sortes, d'aléas, d'imprévus qui finalement nous empêchent, encore et encore de nous poser. Cela venait nous mettre face à notre profond désir, celui de nous faire passer en priorité, d'arrêter de nous laisser aspirer par les sollicitations extérieures. Ces occasions nous étaient données pour nous pousser dans nos retranchements, pour nous encourager à réaffirmer haut et fort notre volonté de prendre soin de nous, d'oser dire non pour mieux nous dire oui. À l'inverse, trop souvent, elles nous servaient de preuves pour dire : tu vois je ne peux pas, ce n'est pas possible, la vie ne me le permet pas. Des sortes d'excuses inconscientes à maintenir un statu quo, une résistance à changer, une peur d'être nous-même au fond. J'avais cédé malgré moi à ce tourbillon, m'entraînant dans les fanges marécageuses chaque jour davantage. Je regardais, impuissante, une mécanique bien rodée à l'œuvre, engrenage dans lequel je tenais le rôle principal, celui de la victime. Je tenais le cabinet à bout de bras, essayant tant bien que mal de faire face et de servir au mieux mes clients. Ils n'avaient rien vu d'ailleurs, comme j'avais pu le constater quelque temps plus tard, quand j'avais fermé boutique et m'étais lancée dans d'autres projets. Ils avaient été surpris, surpris de découvrir la femme que j'étais derrière les apparences. J'avais pu sentir dans leur regard une sorte d'expression ressemblant à de la trahison. En montrant un visage très différent de ce qui était alors vivant au dedans de moi, j'avais été dans le simulacre involontaire le plus total et par là même trahi les personnes qui pensaient me connaître. J'avais appris de cette expérience et je m'étais dit que plus jamais je ne serais infidèle à moi-même de la sorte. Il n'y avait finalement aucun avantage à se travestir. Agir ainsi pouvait avoir deux conséquences, toutes deux néfastes : faire fuir des personnes qui auraient pu vraiment vous apprécier voire vous aimer et en attirer d'autres qui vous auraient ignorée si vous aviez montré votre vrai visage. Dans les deux cas, c'était un jeu duquel vous sortiez perdant, quoi qu'il arrive.

9

Pierre et moi nous étions rejoints à Honfleur. C'était novembre, un an déjà que nous nous étions revus à Cannes, et nous avions eu envie de fêter cela. Je n'avais jamais visité Honfleur jusque-là, ce serait la première fois, mais ce lieu avait toujours eu une place spéciale dans mon imaginaire. *Demain dès l'aube,* ce fameux poème de Victor Hugo, résonnait de façon très spéciale. Même s'il était d'une tristesse à mourir, je m'étais toujours dit que j'aimerais, un jour, visiter ce coin de Normandie. Lycéenne déjà, j'avais fait de ce petit port un coin familier. C'est drôle comme nous entretenons parfois un lien presque intime avec certains lieux, combien ils nous habitent sans que nous les connaissions. Pierre avait réservé un petit hôtel charmant. Il avait le chic pour dénicher des endroits comme ça, simples mais raffinés, des bonnes adresses. Les tentures rouges de l'entrée avaient un côté un peu désuet, mais conféraient au lieu une chaleur qui faisait que l'on s'y sentait bien, immédiatement. J'étais arrivée un peu avant lui. J'en avais profité pour installer mes affaires dans la chambre, guettant, reluquant sur ma montre impatiemment. J'avais fait la route en voiture tranquillement de Pornic, il avait choisi l'avion et arriverait à l'aéroport de Deauville en fin de matinée. Pour m'éviter un détour, il avait préféré me rejoindre directement à l'hôtel. Comme à chacune de nos rencontres, j'étais dans une sorte d'effervescence, incapable de me poser, mélange d'excitation et de crainte. Comme à chaque fois, je me demandais si mon élan serait toujours là, intact, si mon état d'épuisement, à un moment donné, atténuerait, voire parviendrait à simplement étouffer l'amour que je lui portais. C'est comme si j'attendais ce moment, inéluctable, sans savoir à quel instant précisément, il viendrait me cueillir. C'était inévitable, programmé, prévisible. Et comme si Pierre le savait inconsciemment, il n'avait eu de cesse depuis le début de notre relation, de s'étonner que je puisse être tombée amoureuse de lui. Recevoir autant d'amour et le partager ne lui était jamais encore arrivé. Encore très marqué et abîmé par une vie sentimentale passée chaotique et douloureuse, il ne pouvait s'empêcher de penser que ça ne durerait pas, qu'un jour, je me lasserais de lui et que je le quitterais. Au départ, je m'étais opposée fermement à ses dires. Personnellement, j'avais cette certitude que nos croyances et nos pensées étaient prédictives, et souvent je m'étais demandé, qui de nous deux avait le plus impacté notre séparation.

Au lieu de profiter du temps d'attente pour commencer à découvrir la ville, j'étais restée dans ma chambre. C'est étrange comme l'idée de me promener seule avait tout à coup perdu de son intérêt. J'y étais habituée pourtant depuis mon divorce, mais tout était devenu insipide sans Pierre. J'en arrivais à me demander comment j'avais fait avant de le rencontrer.

Il était arrivé quelques heures après moi. Trois petits coups frappés sur la porte et il était entré. Il m'avait regardée de son sourire éperdument amoureux et j'étais tombée dans ses bras, comme à chaque fois. Nous étions restés longtemps enlacés, retrouvant ensemble une sorte de paradis perdu, la douce sensation d'être un, d'être complets, de fusionner. Comment ne pas vouloir immortaliser cette savoureuse sensation, comment ne pas s'attacher à ce sentiment si fort d'éternité, comment ne pas ressentir le vide quand ça s'arrête, comment vivre sans ? Une machinerie machiavélique était en branle, entraînant tout sur son passage.

Le Honfleur que je découvris ressemblait fort à celui de mon imaginaire. Ambiance moyenâgeuse du centre-ville avec ses pavés polis par les décennies, ses maisons à colombages d'un autre temps. Il était presque possible de se transporter à une époque où les charrettes encombraient les rues animées, où les cris des marchands ambulants résonnaient de toutes parts. C'était bizarre de se représenter la vie à cette période de l'histoire. À la fois, c'était comme si l'atmosphère du lieu était encore empreinte de ces temps éloignés, comme si les murs dégageaient toujours les effluves d'un autre âge.

Nous avions arpenté un à un les ateliers d'artistes, partageant nos goûts et nos dégoûts, nos attirances et nos aversions pour les tableaux et les sculptures, ébahis par la profusion des propositions. Puis, nous avions déambulé le long du vieux bassin. Spectacle merveilleux que les bâtisses et leurs bannes colorées se reflétant dans ses eaux.

Pierre et moi étions de fins gourmets, nous aimions découvrir de nouvelles saveurs et avions cet attrait indéfectible pour ces belles assiettes aux couleurs et textures variées, telles des œuvres d'Art. Pour moi, en tout cas, il y avait quelque chose de sacré dans la nourriture. De la préparation d'abord, une communion avec les aliments sélectionnés avec soin, découpés avec la plus grande attention, puis dressés délicatement. C'était finalement de l'amour que l'on mettait dans l'assiette. Cette envie que ce soit beau d'abord et que le contenu puisse régaler les papilles. C'était nourrissant en soi déjà d'observer le tableau coloré, et cela invitait à manger plus lentement, comme s'il avait été un outrage de saccager avec hâte un décor préparé avec tant d'égards par le cuisinier. Ce n'était pas pour rien si j'avais tant aimé *Le festin de Babette*, un hymne aux plaisirs gustatifs.

C'était cela finalement notre relation avec Pierre : des escapades hors du temps. Comme si la vie était scindée en deux, d'un côté la routine qui constituait une part non négligeable de notre quotidien et puis ces moments presque volés que nous nous autorisions une fois tous les quinze jours. C'était peut-être ça qui me pesait au fond, de laisser à l'écart des pans entiers de mon existence, et de ne rien partager de la vie de tous les jours. J'avais l'impression que ça ne l'intéressait pas, et moi, plus ça allait, et plus je me sentais coupée de ce qui était pourtant partie intégrante de ma vie et que je continuais à porter et vivre seule. Il ne me parlait que très peu de ses affaires, sauf parfois les altercations avec tel ou tel qui avaient le pouvoir de l'affecter. C'était un grand sensible et il avait une sainte horreur du conflit. Il ne comprenait pas les différends, et quand il y était confronté, il se sentait souvent touché personnellement. Il avait un tel besoin d'être aimé, de se sentir important. L'amour que je lui vouais venait certainement étancher partiellement cette part si assoiffée.

    Le dimanche, nous avions visité l'église Sainte Catherine. Nous avions été frappés par la simplicité du bâtiment construit tout en bois, à l'instar d'une coque de bateau renversée. Bien que n'étant pas religieux, nous aimions tous les deux l'atmosphère qui se dégageait des lieux saints. Nous partagions cette impression commune, celle d'y ressentir une paix profonde, une aspiration au recueillement, une invitation à déposer le trop-plein. Nous avions donc décidé de nous rendre l'après-midi même à la Chapelle Notre-Dame de Grâce sur les hauteurs de Honfleur. Nous avions été enchantés par le panorama magnifique offert par ce paradis suspendu. Le Mont-Joli portait admirablement bien son nom. La bâtisse en pierre et en ardoise se fondait dans un parterre d'arbres majestueux. La série de cloches alignées sur le toit offrait aussi un curieux spectacle. Là encore, nous nous étions assis l'un près de l'autre sur un banc, le long du mur et nous avions profité de la profondeur du silence. Je n'avais jamais aimé les soutanes noires au col romain, les sermons incompréhensibles et les allusions aux péchés. Loin des dogmes que je tenais en horreur, l'énergie qui se dégageait de cette chapelle me faisait effleurer le sacré du bout des doigts ou plutôt du bout du cœur. L'espace d'un instant, le temps s'arrêtait, les bruits du mental venaient s'étouffer dans un soupir, comme une vague sur la grève. Rien ne subsistait que le ressac du souffle balayant les dernières résistances. Pur délice que l'abandon divin. Ce répit n'avait pas duré longtemps. Très vite je m'étais rappelé que le week-end touchait à sa fin et que dans quelques heures, je reprendrais le chemin de la maison, avec pour seul bagage, les images dans ma tête de ce petit port normand et surtout la douceur de mon amoureux. Je me sentais déjà loin avant d'être partie, incapable de savourer jusqu'au bout ces délicieux moments, trop occupée à penser à ce qui, bientôt, ne serait plus. Voir Pierre ainsi détendu, me poussait presque à croire qu'il n'avait cure de moi. S'il avait tenu un tant soit peu à moi, il aurait dû, comme moi, manifester la même tristesse. Or il semblait complètement décontracté et plus il m'invitait à profiter de ces instants et plus je doutais de cet amour qu'il semblait me vouer. J'appréhendais de plus en plus ces fins de week-ends qui étaient chaque fois plus insupportables et créaient entre nous une tension palpable. C'était d'ailleurs devenu la source de nos plus grands désaccords. Je lui reprochais de se satisfaire de ces brefs moments ensemble, quand pour moi ce n'était pas assez. Il les vivait avec intensité tout comme moi, la seule différence entre nous c'est qu'il continuait à dévorer sa vie, quand je n'étais plus là, alors que moi, je me morfondais dans une douloureuse et inexplicable solitude. Il affirmait haut et fort sans vaciller que j'étais la femme de sa vie, et moi en étais-je aussi sûre ? Au fil du temps, le doute s'était peu à peu immiscé en moi. Je me sentais prise au piège d'un amour dévorant. Cela faisait une éternité que je ne m'étais pas sentie aussi misérable. Alors que je devrais filer le parfait amour, l'impression de courir à ma perte ne me quittait plus. Au cabinet, mes absences se faisaient sentir, car souvent je partais le vendredi pour pouvoir le rejoindre et j'accumulais du travail que je rapportais le soir à la maison. J'avais arrêté le yoga et progressivement, mes rituels du matin étaient devenus plus rares et plus courts aussi. J'avais cette horrible sensation que le temps m'aspirait et consumait graduellement mon énergie vitale. J'eus tout le loisir de réfléchir sur la longue route du retour et une espèce d'évidence s'était imposée à moi : ça ne pouvait plus continuer ainsi ! Ma survie en dépendait. C'était comme si je me réveillais d'un rêve et d'un cauchemar à la fois. Je sentais une profonde détermination en moi, mêlée d'une colère sourde et froide. L'heure était venue de reprendre la barre. Le déclic était venu quand, pendant le déjeuner j'avais demandé à Pierre s'il pouvait se déplacer le week-end suivant car j'organisais à la maison un dîner avec mes amis auxquels je souhaitais le présenter, et j'en avais surtout marre de vivre écartelée entre deux réalités sans qu'elles ne puissent jamais se rejoindre. Il avait fait une sorte de pirouette pour décliner mon invitation, qui d'ailleurs ressemblait plus à une supplication. Bref, j'avais compris qu'il ne viendrait pas et que je passerais une énième soirée seule avec mes amis qui, eux, seraient tous en couple. J'avais ravalé ma salive, sans être en mesure de lui exprimer ma terrible déception. Un nœud s'était formé dans ma gorge, j'avais eu du mal à ingurgiter mon déjeuner et j'étais restée sombre jusqu'au moment du départ. Il m'avait questionnée à plusieurs reprises sur mon attitude. J'étais restée vague et avais prétexté la fatigue pour justifier mes silences.

J'étais rentrée de cette escapade exténuée, exsangue, à bout. Ma gorge me brûlait tant elle renfermait en elle de non-dits. J'aimais cet homme, j'aimais cet homme à la folie, une folie destructrice et pourtant j'allais le quitter. C'était une question de survie, rien de moins. Il fallait que je le quitte pour me retrouver, je devais me séparer pour me réunifier, je n'avais d'autre choix que de le fuir pour me sauver. Au-delà de la folie imminente dans laquelle je craignais de plonger, c'était la mort que j'avais l'impression de frôler, une petite mort intérieure, une agonie. C'était un sursaut fort et puissant qui montait du dedans : non, je ne voulais pas mourir. Oui je voulais vivre. Ça ressemblait fort à vouloir éloigner les deux pôles d'un aimant, cela demandait une force surpuissante, mais je n'avais plus le choix. Pour me donner du courage, car oui j'avais besoin de courage pour ne pas reculer, pour ne pas renoncer, pour ne pas capituler devant l'amour qui me déchirait les entrailles, j'avais ôté toutes les photos de lui. Le cadre près de mon lit était resté vide. Je ne m'étais même pas résolue à y placer un autre portrait. J'avais fini par le ranger au fond d'une armoire pour commencer mon deuil, lentement. Je savais que ça prendrait du temps. J'étais déchirée, anéantie. Oublier ses yeux, oublier son regard, oublier sa peau, oublier son parfum, oublier ses mains, oublier, tout oublier. Il fallait que j'oublie tout, pour garder le cap. Je savais que sinon je n'aurais pas la force. J'avais la sensation de m'endurcir, une sorte de carapace venait m'envelopper doucement. Il n'était plus temps de vaciller, de changer d'avis. Je voulais aller au bout. Ce serait dur, mais je savais que c'était la seule solution pour ne pas sombrer. Je m'accrochais donc à ma décision comme à une corde tendue au-dessus d'un précipice, un dernier espoir. Tenir coûte que coûte, ne rien lâcher. J'avais le sentiment que tout ce qui m'était apparu lors de ma rencontre avec Don Pedro s'était évaporé, il ne m'en restait rien, juste les idées, sans pouvoir néanmoins en appliquer aucune concrètement dans mon quotidien. Et c'était pire encore, car je m'en voulais de cette incapacité à pratiquer ce qui m'avait été si généreusement enseigné. Je commençais à éprouver du ressentiment envers Pierre et je n'aimais pas du tout ce que je ressentais. Je lui en voulais de me faire subir ça. Il semblait ne rien voir de ce que je vivais intérieurement, je ne me sentais aucunement soutenue dans cette traversée. Mais au fond, qui peut comprendre la noirceur d'un vécu à part celui qui le vit ? Qui peut se représenter l'abysse du désespoir sans l'avoir goûté. Qui peut appréhender le vide sans y avoir plongé ? Je ne pouvais pas lui tenir rancune car j'étais moi-même incapable de lui décrire cette douleur aussi intense que si j'avais été transpercée par un glaive. C'était étrange de se sentir aussi seule en étant pourtant accompagnée, et même encore plus seule qu'en étant seule. Je me forçais de me couper de cet amour encore vivant, comme pour rendre la future séparation moins difficile. J'étais déchirée par la violence de cette décision et parallèlement déterminée à aller au bout.

10

Les mois avaient passé, égrainant la joie des retrouvailles et les chagrins. Je m'étais laissée convaincre que je ne reviendrais pas sur mon choix, même s'il ne m'avait pas encore été possible de l'exprimer à Pierre. La peur de perdre cet amour, la peur du vide à venir, la peur de ne pas me relever alors que j'étais déjà au plus mal. Je m'accrochais encore à ces élans de tendresse comme à une bouée de sauvetage pour ne pas couler totalement. Et pourtant je savais avec certitude que le moment était proche, ce moment où je lui dirais que c'était terminé. Alors, il n'y aurait plus de retour en arrière possible. Tant que je gardais cette décision pour moi, je ne courrais aucun risque. À l'instant où je l'exprimerais, je signerais inéluctablement l'arrêt de mort de la relation. Pierre avait réservé pour nous deux une semaine à Vienne en février. Pour moi il était clair que ce serait notre dernier voyage. Je ne lui dirais pas là-bas, mais après. Ça avait été curieux ces journées à vivre en sachant qu'elles étaient les dernières. D'ailleurs je n'avais pas été très à l'aise, une impression d'imposture, de fausseté. Moi pour qui l'honnêteté était une valeur suprême, j'avais le sentiment d'être un brigand. J'étais arrivée après lui. Il m'avait fait la surprise de m'attendre à la sortie de la porte de débarquement. Je l'avais aperçu de loin, le visage souriant et lumineux, apparemment très heureux de me voir. Il me serra avec passion dans ses bras. J'eus du mal à dissimuler ma gêne. J'avais mis tellement d'efforts ces dernières semaines à m'éloigner de lui, à désapprendre à l'aimer, que je ressentis immédiatement le fossé qui avait commencé à se creuser entre lui et moi. Je me sentais gauche, mon cœur était serré et meurtri. Nous avions pris un taxi pour rejoindre le Marriott au centre de Vienne. L'hôtel était magnifique. Comme à chaque fois Pierre n'avait pas lésiné sur le lieu. Le décor était somptueux, rendant encore plus difficile le maintien de ma décision. Il m'avait fait la surprise de commander un bouquet de fleurs que j'avais trouvé à mon arrivée, posé sur la table de la chambre, et la vue de cette magnifique attention n'avait fait qu'accroître mon malaise. J'avais l'impression de jouer un double jeu. C'était tout simplement insupportable et ce calvaire allait durer une semaine. Comment avais-je pu me mettre dans une telle situation ? Avait-il ressenti quelque chose, inconsciemment ? Il m'avait témoigné encore plus de tendresse que d'habitude, n'avait cessé de me dire je t'aime et de faire des projets d'avenir, ensemble. Il me poussait sans le savoir, dans mes derniers retranchements, rendant encore plus compliqué l'ultime moment où j'allais lui dire que, non, nous ne ferions pas notre vie ensemble. Oui, j'avais décidé de mettre fin à notre relation. Cette semaine passée ensemble, avait été incroyablement éprouvante, complètement tiraillée en dedans, littéralement écartelée dans mes entrailles, le cœur déchiré et tremblant. Cet homme me donnait tout, sa vie sur un plateau d'argent et moi je n'en voulais pas. Il me proposait son amour fou et je le repoussais. Il se mettait à genoux devant moi et j'étais anéantie, incapable de recevoir ce brasier sans me consumer et me réduire en cendres. Toute la semaine s'était déroulée à l'allure d'un yoyo. Tantôt je me laissais vivre cet amour comme s'il durerait toute la vie, dans une forme d'insouciance, oubliant pour un temps les lendemains, ignorant ma décision, plongeant avec délice dans la saveur tendre d'être deux. Tantôt je sentais mon corps se crisper, ma tête se raidir et mon cœur se dépouiller inexorablement. La romance commençait à avoir un goût fade et amer, sa beauté n'en finissait plus de faner. Je n'avais pas su apprécier Vienne à sa juste mesure. Ma vue avait été troublée par mon état tourmenté. Regard triste et gris posé sur les murs pourtant colorés des façades. Même le café viennois m'avait paru insipide. En déambulant dans les salles du Musée de Sissi, j'avais eu du mal à retenir mes larmes, tant l'histoire d'un amour fou faisait écho avec le couple que nous avions formé, Pierre et moi, et dont les derniers instants étaient en train de se vivre. Aussi surprenant que cela puisse paraître, mon cœur hurlait de déchirement, criait au supplice, mourait sous la torture, alors même que j'étais à l'initiative de cette décision. Comment expliquer ce duel intérieur, comment comprendre une telle lutte, tel un combat rangé de deux armées en opposition ? J'avais pourtant ressenti un relâchement quand j'avais choisi de renoncer à cette histoire, il y a quelques semaines. Malgré cela, rien n'avait la saveur de l'évidence, les doutes étaient bien présents et menaçaient à chaque instant de revenir sur ce qui s'était cependant imposé en moi.

Quand nous nous étions enlacés près de la porte d'embarquement, je savais que ce moment avait un parfum d'adieu. J'avais dû faire un effort insurmontable pour enrayer les spasmes qui commençaient à prendre forme avec insistance dans ma gorge. J'avais été incapable de prononcer un mot, l'émotion était trop forte. Vite, je m'étais éloignée. Je ne m'étais pas retournée pour qu'il ne voie pas les larmes qui avaient commencé à couler sur mes joues. Je m'étais précipitée aux toilettes, j'avais collé mon dos contre la porte, porté ma main à la bouche pour ne pas hurler et j'avais éclaté en sanglots. Le chemin du retour m'avait semblé interminable. En refaisant le film de notre rencontre, me souvenant des espoirs mis sur cette relation, j'avais eu cette horrible impression d'un échec gigantesque. Au début, j'avais vraiment imaginé passer le reste de ma vie près de cet homme. J'avais voulu continuer à y croire longtemps, même quand mes convictions avaient commencé à craqueler doucement, quand le doute s'était progressivement immiscé, n'osant pas m'avouer qu'il y avait quelque chose de toxique dans notre façon d'être ensemble. En arrivant à la maison, j'avais appelé Nathalie, elle avait accueilli mes pleurs de son oreille bienveillante. Il m'avait semblé percevoir dans ses propos une sorte de colère envers Pierre, comme si elle le tenait pour responsable de l'état dans lequel je me trouvais. Bien sûr qu'il n'était pas responsable. J'avais creusé ma propre tombe. Mais Nathalie, c'était mon amie, et en bonne amie, elle avait cet élan, somme toute humain, de protéger et de défendre ceux que l'on aime.

J'avais passé le reste de la semaine dans une espèce de cafard brumeux. Le soulagement de la décision avait été de courte durée. Le poids de ce qui m'attendait me clouait à terre, mon énergie, inexistante. Je ne sais pas comment j'avais malgré tout trouvé la force d'honorer mes rendez-vous, de faire face à mes obligations professionnelles, de sourire. Comprendre ce que l'on me disait me demandait un effort titanesque. Je devais me concentrer pour que chaque mot prononcé puisse être décodé par mon cerveau et faire sens. J'avais la sensation que la folie s'était emparée de moi, prise dans des sables mouvants dont je ne savais plus comment m'extraire. Tout à coup j'avais peur, une peur viscérale. Peur de ne pouvoir stopper la spirale, peur de sombrer dans la démence. C'était comme si l'on me parlait dans une langue étrangère que je ne maîtrisais pas. Dès que je passai la porte de chez moi, je m'écroulai sur mon canapé et laissai couler toutes les larmes que j'avais essayé de retenir toute la journée. Je me débattais dans une espèce de marécage pestilentiel, la tête dans la poussière et dans la boue, un goût amer dans la bouche.

11

Je lui avais annoncé à distance, pure lâcheté. Sans doute pour ne pas risquer de faire machine arrière quand il serait devant moi. Je savais qu'il m'aurait été impossible de le faire sans tomber dans ses bras. Il fallait que ce soit tranchant, qu'il n'y ait aucune équivoque, aucun espoir auquel se raccrocher. Et pourtant, il avait semblé ne pas comprendre. Une sorte d'incrédulité s'était inscrite dans son regard, incrédulité qui semblait dire : c'est un passage, tu vas forcément revenir sur ta décision. J'avais dû lui répéter plusieurs fois avec insistance. Il ne voulait pas y croire, même si, pourtant, pendant toute la durée de notre relation, il n'avait eu de cesse de me rabâcher qu'un jour, il se réveillerait de ce conte de fées, que c'était trop beau pour être vrai. En raccrochant, je n'avais pas été persuadée qu'il n'était pas encore dans une sorte de déni. Comme par hasard, il était à Nantes la semaine suivante pour un déplacement professionnel et nous étions convenus de nous retrouver chez moi pour le week-end. Il me semblait légitime pour nous deux de passer malgré tout un moment ensemble pour clore notre histoire. Elle n'avait pas été anodine, elle avait compté, pour lui comme pour moi. Ce n'était pas une amourette, un flirt sans lendemain. Elle avait laissé des traces tenaces et féroces, je m'en rendrais compte bien plus tard. Son empreinte resterait gravée en moi plusieurs années. Elle ne pouvait évidemment pas être balayée d'un revers de manche par un simple coup de téléphone. Elle avait contenu tant d'amour, tant d'attentes, tant d'intensité. Elle avait concentré un mélange de folie et d'extravagance, de rages et de ravages aussi. Comment aurait-il été envisageable de l'éteindre d'un seul souffle, comme une bougie, et se retrouver dans la nuit noire, dans une violence instantanée. Impossible. Il y avait besoin de mots à poser, d'étreintes peut-être encore à se donner, de regards à s'offrir. Il y avait besoin de blessures à soigner, de pleurs à verser probablement, de colères à exprimer sans doute. Il y avait besoin de tout ça pour pouvoir tourner la page et réécrire une nouvelle histoire. Évidemment il aurait été plus efficace de mettre fin à notre idylle de façon aussi brutale et subite qu'elle avait démarré, jeter toutes les photos, mettre Pierre dans les indésirables de mon téléphone, les petits cadeaux parsemés ici ou là chez moi et qui à chaque instant me rappelaient sa présence, brûler les mots qu'il m'avait écrits. Ne laisser aucune trace, fermer définitivement la porte aux souvenirs, sans compromis. Oui, une coupure radicale et drastique aurait probablement permis une guérison plus rapide, et n'aurait pas laissé traîner l'ombre d'un doute. À l'inverse, je me sentais incapable de briser le lien qui m'unissait à lui. J'avais besoin de me sentir reliée malgré tout. Pour qui, pour quoi, je ne sais pas. Nécessité vitale de se sentir exister, peur de perdre l'amour de l'autre, angoisse effroyable de la solitude, encore.

Jusqu'au moment de le revoir, j'avais eu cette interrogation présente à l'esprit : aurais-je assez de force pour résister à ce pouvoir si puissant d'attraction qu'il exerçait sur moi ? Qu'allait-il se passer à l'instant même où je me retrouverais face à lui, où je sentirais sa présence, où j'entendrais le timbre de sa voix, où mes joues se poseraient sur les siennes, où je respirerais sa peau. J'avais élaboré différents scénarios, mais là encore il m'était impossible de prévoir la façon dont je réagirais. C'était une chose d'avoir décidé, une autre d'aller au bout de la décision, sans faillir. J'étais arrivée un peu en avance sur l'heure prévue, espérant trouver un espace pour me centrer avant qu'il n'arrive. À ma grande surprise, c'est lui qui était aussi en avance et j'avais eu la joie de le voir déjà installé à la table du café où nous avions prévu de nous retrouver. Il paraissait plutôt tranquille. Je m'approchai de lui, un peu gauche. Il se leva et voulut me prendre dans ses bras. Mon corps se raidit, ou plutôt je fis un effort pour raidir mon corps afin de lui signifier clairement que non nous ne nous prendrions pas dans les bras, pas cette fois. Quand il voulut m'embrasser sur les lèvres et que je détournai la bouche, je vis que là, il devenait nerveux et désemparé. Je crus bon d'ajouter que ma décision de me séparer de lui était ferme et que je ne reviendrais pas dessus. Il sembla abasourdi, comme s'il découvrait la situation, qu'il s'était convaincu que je ne lui avais rien dit au téléphone et qu'il s'était jusque-là raccroché à la certitude que je renoncerais.

— Que se passe-t-il ? Explique-moi !

— Je te l'ai dit, Pierre, je souhaite cesser notre relation. Je n'en peux plus. Je suis fatiguée, tu comprends ? Je suis épuisée.

— Pourquoi ne m'en as-tu pas parlé plus tôt ?

— Je l'ai fait Pierre, à plusieurs reprises, je l'ai fait, mais tu n'as pas voulu l'entendre. Quand je te disais que je n'en pouvais plus de tous ces trajets pour venir jusqu'à toi, ta seule réponse c'était de ne pas se voir… Tu es venu deux fois depuis un an, Pierre, deux fois, deux malheureuses fois…

— Tu aurais dû me le dire… tu aurais dû m'alerter.

— Ça n'aurait rien changé Pierre.

— Je t'en supplie, réfléchis. Tu es la femme de ma vie, tu le sais.

— Ne rends pas les choses plus difficiles qu'elles ne le sont.

L'ambiance avait été pesante. Pierre avait réglé nos consommations, s'était levé et nous avions quitté le café en silence. Il semblait anéanti. Nous avions rejoint ma voiture, marchant l'un contre l'autre. J'évitais de le frôler, un moindre écart m'aurait précipité dans ses bras. Je crevais de le voir comme ça, avec sa tête de chien battu. Je n'avais jamais imaginé qu'un homme comme lui puisse se montrer dans une telle fragilité. La route s'était déroulée dans un mutisme total. Je ne sais pas ce qu'il avait dans la tête. De mon côté, c'était horrible, aussi douloureux que si mon corps avait été lacéré de coups de couteau. Comment expliquer cette dualité ? Je n'avais qu'une envie : m'arrêter sur le bord de la route, l'entourer de mes bras et le rassurer, lui demander de tout oublier, de lui dire que je l'aimais, si fort, que oui je mourrais de me priver de son amour.

Avec Pierre c'est drôle j'avais souvent eu cette impression de former un couple illégitime. Peut-être parce que nous nous retrouvions toujours ailleurs, parce que, peut-être, nous n'avions pas de vie commune. Et puis, il y avait ce pétillement dans nos regards quand nous étions en présence l'un de l'autre. L'amour transperçait chaque pore de notre peau et venait éclabousser les gens autour de nous. Je m'étais souvent rendu compte des œillades plus ou moins discrètes. Je pouvais parfois ressentir l'admiration, l'envie, la jalousie, que notre attitude suscitait. Et puis, pouvait-il y avoir autant de connivence, de flamboyance dans un couple, dit légitime. Pouvait-on garder dans la durée cette envie de se retrouver, cette envie d'être ensemble, cette envie de se toucher, de se sentir. Pouvait-on garder dans le regard, l'amour qui fait que l'autre se sent beau, important, magnifique ?

Il y avait eu tout ça entre Pierre et moi et y repenser me faisait venir les larmes, nostalgie de ce qui, déjà, n'était plus. Quelque chose s'était brisé, morcelé. L'éclat de notre amour était désormais ébréché. Car, même si sur cette route qui m'avait paru interminable, je m'étais dit qu'il était possible de renouer, il aurait été impossible de recoller entièrement les morceaux. Je le savais. Il resterait toujours une égratignure, une écorchure, une saveur rance laissant un goût fétide dans la bouche. Le ver était dans la pomme.

12

Nous étions arrivés chez moi et avions grimpé les escaliers lentement. Nous pouvions ressentir tout le poids de cette décision dans chacun de nos pas. Pierre n'avait toujours pas parlé depuis que nous avions quitté Nantes, comme s'il avait besoin d'intégrer la nouvelle. Cela ne lui ressemblait pas. Que dire d'ailleurs ? Je m'étais pourtant fait le film de ce moment, les mots que je dirais, mais ils restaient bloqués au fond de ma gorge. Futiles, inutiles, ils n'auraient eu comme résultat que d'empirer la situation. Son mutisme me dérangeait pourtant. Cela me séparait encore davantage de lui, me refusant l'accès de ses pensées, de ses ressentis, je me sentais exclue. Il était comme un animal blessé qui se réfugie dans un espace tranquille pour mourir en silence. Je me sentais forcée à respecter son retrait, tant je me sentais responsable. Coupable de le voir aussi abattu, coupable d'être à l'origine de sa douleur, coupable de ne pouvoir lui apporter le bonheur que nous nous étions pourtant promis.

Même le petit plat que je lui avais préparé ce soir-là avait perdu de sa saveur. Nous avions mangé machinalement, le nez dans notre assiette. Il avait fallu attendre la fin du dîner pour que les langues se délient, enfin, que l'atmosphère devienne plus légère. L'ambiance s'était peu à peu détendue, et nous avions même ri, je ne sais plus à quel propos. Nous nous étions assis sur le sofa, il m'avait entourée de ses bras, et j'avais cédé, incapable de résister à l'appel de sa tendresse. Nous étions restés longtemps lovés l'un contre l'autre. En un claquement de doigts, j'avais tout oublié : Honfleur, mon coup de téléphone, le café… une sorte d'amnésie involontaire et instantanée. Au bout d'un moment, il avait doucement saisi mon visage entre ses mains et avait murmuré : je voudrais faire l'amour avec toi, une dernière fois. J'en mourais d'envie, évidemment. Je m'étais dit que ce serait notre manière à nous, une belle manière, de sceller la fin de notre relation. Nous avions éteint les lumières du salon et avions rejoint ma chambre. Cet instant avait quelque chose de solennel, de sacré même.

Il était entré dans ma chambre et j'avais vu son visage se décomposer. Je n'avais pas compris immédiatement ce qui venait de se passer. J'avais vu se dessiner sur ses lèvres une sorte de rictus, il avait ri, pas un rire joyeux, mais un rire qui voulait dire : « qu'est-ce que je suis con, mais qu'est-ce que je suis con ! J'ai cru que tu m'avais aimé, mais quel con ! ». Son regard dur et accusateur semblait me dire : « Tu ne m'as jamais aimé, comment j'ai pu croire que toi, tu pouvais m'aimer ! ».

Le fameux cadre posé sur ma table de chevet avec sa photo. J'avais eu besoin de cela pour m'aider à me détacher, pour me donner le courage de le quitter. Je n'avais pas imaginé qu'il le remarquerait et l'effet que cela aurait sur lui. Il n'était venu ici que deux fois, j'étais même surprise qu'il puisse se souvenir de l'existence de ce cadre. Je l'avais blessé au cœur, un coup de poignard. Je n'avais pas voulu ça, et je ne supportais pas qu'il puisse penser que je n'avais jamais ressenti d'amour pour lui. C'était insupportable. Cependant, je n'avais pas envie de rentrer dans son jeu et de le supplier de me croire. Je reconnaissais sa souffrance certes, et j'avais mal aussi. Je l'avais aimé, et je l'aimais encore sans doute. J'avais quand même essayé de lui expliquer, mais il était sorti en me bousculant. Il était furieux. Je ne l'avais jamais vu comme ça, lui pourtant calme habituellement. J'ai entendu la porte claquer et là j'ai eu peur. Je me suis précipitée à sa rencontre. Quand j'ai ouvert la porte de l'entrée principale de la résidence, je l'ai aperçu de loin, debout sous la pluie. Il pleurait, des pleurs qui déchirent l'âme. Je me suis approchée.

— Rentre, Pierre. Ne reste pas sous la pluie.

— Laisse-moi.

Il m'avait repoussée d'un geste brusque. J'étais pourtant restée près de lui. Au bout d'un moment je lui avais répété :

— Rentre Pierre, tu vas prendre froid. Viens…

A force d'insistance il avait fini par céder et il m'avait suivi, perdu, dégoulinant.

— Viens…

Je l'avais pris fermement par la main, et je l'avais conduit jusqu'à ma chambre. Doucement j'avais déboutonné sa chemise. Il s'était laissé faire. Puis j'avais enlevé sa ceinture et retiré son pantalon. Il m'avait alors saisi les deux bras et m'avait plaquée sur le lit énergiquement, puis il m'avait déshabillée presque sauvagement. Je pouvais sentir une puissance que je ne lui avais pas connue jusqu'ici, une force quasi animale dans sa façon de me faire l'amour ce soir-là. Prise au dépourvu, je n'avais rien dit. Je m'étais laissée pénétrer sans préliminaires et avais pris néanmoins du plaisir. Je lui devais bien au moins ça. En l'espace d'une nuit, nous avions tous les deux presque oublié ce qui s'était passé. Au réveil, j'avais mis quelques minutes avant que le film de la veille reprenne vie en moi et j'avais mesuré l'étendue des dégâts. J'avais été incapable de m'en tenir à ma résolution. J'avais été faible au fond. Nous avions passé la journée comme si de rien n'était. En milieu de journée, nous avions repris la route vers l'aéroport de Nantes. Nous avions préféré partir plus tôt par peur des bouchons de retour de week-end. Ainsi, nous avions pu nous poser tranquillement pour prendre un thé avant le décollage de l'avion. Je savais que j'avais ouvert une brèche, que j'avais malgré moi envoyé à Pierre un message paradoxal : je te quitte, je reste. Les choses étaient loin d'être claires. Décidément, c'était difficile pour moi de quitter quelqu'un. Néanmoins je sentais malgré tout, une détermination nouvelle. Être moins ambiguë dans l'expression de mes besoins. Je voyais où cela m'avait conduite, de m'oublier dans l'autre. J'étais en plein burn-out et je sentais depuis quelques heures un élan nouveau, une volonté farouche de m'en sortir et de tout faire pour respecter mes besoins, enfin. Quelque chose de plus léger avait surgi, un soulagement soudain. Il avait fallu aller au bout de l'épuisement pour me rendre compte à quel point je m'étais perdue au profit de l'autre, combien, peu à peu, j'avais renoncé à ce qui m'était essentiel, par peur de le perdre, combien j'avais négligé la connexion d'avec moi-même, et ce, dans un seul but, inconscient certes, celui de savoir ce que ça fait de se sentir aimée. Il n'y avait pas d'autre but que celui-là : se sentir exister dans le regard de l'autre. Il y avait un tel paradoxe dans ce fait-là. Aller jusqu'à risquer sa propre mort pour se sentir vivant. Je m'étais aperçue soudain que j'étais passée à deux doigts de l'anéantissement. Mon corps était prêt à lâcher, je le sentais bien et ma confusion récente avait été telle que oui j'aurais pu sombrer dans la folie et ne jamais en réchapper. Il y avait eu Nathalie certes qui m'avait tenu la main à distance et puis Pascaline aussi et Bertrand. Alain et Virginie n'avaient également jamais manqué à l'appel dès que j'avais eu besoin de m'épancher. Tous mes amis avaient joué un rôle déterminant et j'en étais vraiment reconnaissante. J'avais la chance de me livrer avec beaucoup de facilité, ce qui avait certainement aussi évité à la cocotte-minute d'exploser. Je n'avais pas parlé de tout ça à mes parents ni à ma sœur, alors évidemment ils n'avaient pas pu m'aider. J'avais fait ça pour les protéger sans doute. Je connaissais leur capacité à s'inquiéter, à angoisser et les tenir informés du marasme dans lequel je me trouvais n'aurait fait que les inquiéter davantage. Cela n'aurait franchement pas pu me réconforter, bien au contraire. Je les savais présents, cependant, persuadée qu'ils accourraient, si seulement je levais le petit doigt. Il n'y avait aucun doute là-dessus et pour ça aussi je m'estimais chanceuse. J'étais finalement très bien entourée.

À peine arrivée chez moi, je m'étais fait couler un bain. J'étais restée longtemps enveloppée dans la sensation chaude et soyeuse de la mousse. Le parfum d'amande était en soi relaxant. Cela faisait une éternité que je ne m'étais pas sentie aussi bien et cela eut un effet immédiat sur mon moral. Je pouvais éprouver à nouveau la vie en moi. Mon dieu que c'était bon. J'avais tellement peur que ce regain soudain de vitalité ne me quitte aussi vite qu'il était apparu, que je pris la décision de m'astreindre à une série de rituels matinaux dès le lendemain. Il ne me fut pas utile de l'écrire, ma parole envers moi-même était suffisante et ma résolution assez ferme pour avoir la certitude que je tiendrais mon engagement avec discipline et persévérance. Je ne comprenais d'ailleurs toujours pas pourquoi après mon retour d'Ardèche et ma rencontre avec Pierre, je les avais mis de côté aussi rapidement, me conduisant inexorablement vers l'état qui était le mien aujourd'hui : une coque vide, inerte, exsangue.

13

Je ne savais pas exactement ce que je mettrais en place, mais j'étais vraiment décidée à me sortir de là, vite et sans médicaments. J'avais cherché sur internet une méditation guidée. Je pensais que cela serait plus facile que de m'asseoir sur un zafu et laisser les pensées passer, de cela je ne m'en sentais pas capable. Je reconnaissais après coup, cette forme d'intelligence qui avait été mienne dans ce choix, car choisir le petit pas le plus facile pour moi m'avait permis de faire les plus grandes enjambées. Tous les matins donc, inlassablement et avec docilité, je laissais les mots de Dominique couler dans le casque de mon MP3 et infuser doucement. Cela parlait de paix, d'amour, de sérénité. Au fil de ces petits rendez-vous, je sentais combien ces espaces réguliers accordés à moi-même commençaient à avoir un impact positif. Dès que la petite musique du début parvenait à mes oreilles, je pouvais déjà constater un certain relâchement, une détente. L'ancrage était fort, et plus les semaines passaient, plus cela opérait rapidement. J'avais aussi pris un carnet, que ma fille m'avait offert et chaque soir, avant de m'endormir, je venais y inscrire les trois choses de la journée pour lesquelles j'étais reconnaissante. Au départ, je l'avoue, cela m'avait semblé compliqué, voire très fastidieux. Je passais parfois plus d'une demi-heure à trouver, ce serait-ce qu'un élément positif. Je n'avais toutefois jamais défailli et avec le recul, je reste persuadée que cela avait largement contribué à ma sortie de dépression. Pendant plus de six mois, j'avais consigné dans mon carnet, les uns après les autres tous ces petits mercis, aussi insignifiants et futiles soient-ils. C'était chaque jour l'occasion de diriger mon attention sur ces petits riens de l'existence qui commençaient néanmoins à avoir du crédit à mes yeux. Et plus cela allait et plus ils étaient nombreux à se précipiter dans la flamme de mon regard, l'effet boule de neige, magie de l'attraction. Au bout d'un certain temps, je me surprenais aussi à dire merci plusieurs fois dans la journée, comme ça, au gré des heures plus légères. Quand on a frôlé la mort de près, on reconnaît d'autant plus combien la vie est précieuse, et quelle valeur inestimable a la plus anodine des petites choses. Alors, on a de moins en moins besoin de grandes excitations pour être dans la vie et l'on peut éprouver plus de satisfaction à contempler un oiseau qui chante que de gagner au loto. J'avais aussi décidé d'être à l'affût de toutes mes pensées sombres qui se bousculaient dans ma tête et ne me laissaient plus aucun répit. Je les voyais me transpercer le crâne de leur pointe tranchante et, avec constance et patience, j'en essuyais le venin, l'une après l'autre, délicatement. Elles avaient fini par se transformer peu à peu en pensées plus positives. Déjà, mon avenir semblait moins inquiétant, mon présent moins douloureux. Au bout d'un mois seulement d'acharnement volontaire, j'avais senti que j'étais sur la bonne voie. Mes pleurs étaient moins fréquents, j'avais plus d'énergie. J'avais aussi remarqué que les mouvements tibétains enseignés par Don Pedro, m'aidaient à sortir de ma léthargie. Il m'avait fallu un sursaut, alors que j'étais en plein chaos, un « ça suffit » assez fort et puissant pour me donner la force de me relever. Une étincelle qui appelle à la vie alors que j'étais à genoux. Cette relation avec Pierre m'avait permis cela au fond : descendre dans les tréfonds de ma noirceur, en ôter une à une toutes les couches, me nettoyer de cette privation de moi. Personne ne m'y avait contrainte, j'avais juste créé cette situation de toutes pièces, parfaite pour accepter de voir à quel point je ne m'aimais pas. J'avais décrété unilatéralement que je me mettrais désormais au centre de ma vie. Cela avait été un peu hâtif comme décision, et vécu de façon un peu brutale pour certains, et surtout pour Pierre. Quand la parole a été muselée pendant si longtemps, elle peut surgir, surtout au début, avec une forme de maladresse. On a besoin de réapprendre à dire, spontanément sans blesser. J'avais tellement peur de retomber que je m'accrochais avec vigueur à ce qui me semblait être ma propre survie. Je tranchais donc dans le vif, sans concession. Pas de rendez-vous clients après dix-sept heures, plus d'escapades en Alsace ou à l'autre bout de la France ou de l'Europe pour rejoindre Pierre, plus de fêtes de famille auxquelles je n'avais pas envie de participer. Non, je n'avais plus le choix. Soit je me respectais dans mon besoin de me retrouver, de me reposer, de prendre soin de moi, soit je prenais à nouveau le risque de flirter avec le désespoir et cela je ne le voulais plus. Tout mon être le criait avec rage, le vomissait, le dégueulait. Il n'y avait plus que deux priorités dans ma vie : mes enfants et moi. Je tenais à leur offrir cette disponibilité et cette présence aimante, que j'avais réussi à tisser au fil des années. Cela n'avait pas toujours été le cas. Je n'avais jamais été très maternante et fusionnelle, même un peu maladroite dans les premières années de leur vie, trop investie dans ma carrière professionnelle. Elles avaient acquis grâce à cela une grande autonomie, certes, mais les relations n'avaient pas toujours été simples, le lien pas évident. Il avait fallu l'inventer, le créer. Et depuis mon divorce d'avec leur père, nous nous étions découvertes, et avions commencé à nous aimer dans notre unicité, chacune puis finalement réussi à développer une forme de complicité. C'est cela qu'il me tenait à cœur de chérir et de cultiver avec délicatesse.

J'avais moi-même été étonnée de la vitesse avec laquelle j'avais retrouvé l'entrain. Plus tard, j'avais compris que c'était né de la force de mon vrai désir, et Dieu sait s'il était puissant. Cette détermination m'avait donné le dynamisme suffisant pour passer à l'action et faire des petits pas quotidiens et répétés dans le sens de mon bien-être. Très vite, cela avait payé et j'avais été sur pieds en moins de temps qu'il ne m'avait fallu pour être à genoux. Cela tenait du miracle.

Pour Pierre, les six mois qui avaient suivi cette fameuse nuit où nous avions soi-disant fait l'amour pour la dernière fois, avaient été plus compliqués. Il disait ne plus me reconnaître. Évidemment. Je ne faisais plus tout pour lui. Je n'étais plus la même femme que celle qu'il avait rencontrée des mois plus tôt. Je ne me pliais plus en quatre pour venir le voir. Je lui disais les choses avec une assurance qu'il ne m'avait pas connue jusqu'ici, je n'allais plus dans son sens pour lui faire plaisir. Bref, je découvrais ce que c'était d'être soi sans craindre de perdre l'autre. J'avais le sentiment d'être dans une plus grande insouciance. Grâce à cette expérience, j'avais appris qu'il n'y avait aucun avantage dans un couple à s'oublier au profit de l'autre, car de toute façon, tôt ou tard, on en payait inéluctablement les pots cassés. Soit l'un ou l'autre ou les deux s'éteignaient à petit feu, soit cela conduisait inévitablement à la rupture. Toutes ces choses qu'on ne dit pas, par peur de perdre l'autre, toutes ces décisions que l'on prend pour plaire, toutes ces voies que l'on emprunte pour ne pas décevoir, tous ces agacements que l'on tait pour protéger la relation, tout ce que l'on renie de soi pour rester à deux. Pierre semblait ne plus maîtriser la situation, il était déstabilisé par mes réactions. Je le sentais perdu, égaré. Nous guettions tous les deux sans nous le dire, le moment fatidique où la rupture définitive serait la seule issue. Cette incertitude, ou plutôt cette quasi-certitude d'une fin plus ou moins proche laissait planer un doute qui rendait Pierre anxieux, je le sentais bien. Nous continuions à nous voir de temps en temps. Pierre faisait les déplacements pour me rejoindre. La première fois que nous nous étions revus, je l'avais trouvé sur le pas de la porte, un magnifique bouquet de roses à la main. Il avait eu ce sourire de petit garçon, qui a fait une bêtise et qui ne sait pas s'il sera pardonné. C'est drôle, j'avais presque eu pitié de le voir ainsi. Son assurance s'était évanouie. Il flottait dans son jean, il avait maigri. Je le sentais inquiet. Je savais que nous ne pourrions pas continuer. D'ailleurs, je sentais bien que mon amour pour lui avait commencé de s'affadir progressivement. Je continuais à regarder avec tendresse ses efforts désespérés à maintenir la relation avec tous les gestes possibles d'attention. Il me rapportait des articles qu'il avait lus sur la méditation, les propos de tel ou tel sur la spiritualité. Il s'était même inscrit à un cours de yoga. J'avais la sensation que ce n'était pas pour lui qu'il le faisait, mais pour me garder. Cela sonnait faux. C'était étrange cette impression d'avoir tant attendu des changements chez lui et au moment même où il commençait à y répondre, la conséquence était l'effet inverse à celui attendu, celui de m'éloigner de lui encore davantage. Sûrement parce que cela lui demandait un effort et je le sentais. On ne peut pas faire des efforts pour l'autre. On ne peut pas se sacrifier pour l'autre. Cela ne marche pas. Tôt ou tard, on se réveille et ce réveil-là est brutal, parce qu'il est inattendu et fatal. Maintenant que je prenais soin de mes propres besoins, j'avais envie d'être près d'un homme qui fasse de même.

14

Un vendredi où Pierre était venu pour un rendez-vous à La Rochelle, j'avais accepté de venir l'y retrouver pour le week-end. Nous avions arpenté la vieille ville de long en large. J'avais découvert cette cité pourtant magnifique que je ne connaissais pas, avec peu d'enthousiasme. Les remparts m'avaient semblé ternes, le bar de ligne de chez André avait même eu un goût insipide, ce qui, évidemment, n'était pas le cas. C'était le week-end de trop. Naturellement, ça on peut le dire après, on ne sait pas avant, que ce sera le dernier. Ça s'impose juste comme une certitude. On le sait, c'est tout, c'est comme ça.

Quand nous nous étions installés dans un petit troquet près du port, j'avais eu cette impression désagréable que nos regards n'étaient plus enflammés et que oui, nous devions désormais ressembler à ces couples qui n'ont plus rien à se dire après tant d'années. Disparu ce rayonnement amoureux qui rend jaloux les gens qui n'ont pas cette chance. Nous étions redevenus un couple banal, lambda comme tant d'autres aussi.

Il avait ressassé pour la énième fois les difficultés qu'il rencontrait avec son ex-épouse. Je ne l'écoutais plus. J'étais lassée d'entendre à chaque fois cette même litanie, comme quelque chose qui tourne en rond, qui sans cesse revient, identique, copie conforme. Une situation vécue et revécue de la même manière sans jamais s'interroger un seul instant sur ce qui, en soi, pourrait être changé, afin que justement cela évolue. Pas la moindre parcelle de soi qui ait envie de se remettre en question. J'avais ressenti de l'agacement. Pour la première fois depuis que nous nous connaissions, j'avais tout simplement eu envie d'être à un autre endroit en cet instant.

Ce soir-là, je m'étais allongée près de lui, perdue dans mes pensées, le corps immobile. Nous ne nous étions même pas touchés. Nous étions restés là, l'un près de l'autre, comme deux inconnus. J'avais immédiatement su que ce serait notre dernière rencontre. Le corps ne ment jamais. Je ne ressentais plus aucune attirance. Même d'une étreinte je n'en avais plus le goût. Cela avait dû être une torture pour Pierre de ressentir cela. Le corps de la femme qu'il aime plus que tout, à ses côtés, un corps qui se refuse, un corps inerte, un corps sourd au désir. Le feu s'était éteint. La braise avait couvé longtemps, et il ne restait désormais que des cendres. C'était ça au fond le feu : une simple allumette et tout flambe… or, quand on cesse de remettre des bûches, qu'il n'est plus alimenté, il finit par mourir. Il me faudrait pourtant encore bien longtemps pour aspirer ces fines particules de poussière. Il en resterait encore et encore des mois durant.

Au réveil, il m'avait dit qu'il préférait mettre un terme à notre histoire. Je n'avais pas été surprise, je m'y attendais, c'était inéluctable. Je l'avais écouté sans rien dire, les yeux perdus dans le vague pour éviter de le regarder. Je savais comme une évidence que ce moment viendrait tôt ou tard. Je n'ignorais pas non plus que lui, à l'inverse de moi, ne reviendrait jamais sur sa décision, qu'elle serait ferme et définitive, sans équivoque. Il avait cette force que je n'avais pas. Il possédait cette capacité à trancher, même si je pouvais percevoir qu'il avait terriblement mal. J'avais baissé la tête encore plus, pour retenir mes larmes qui, lentement, commençaient à couler sur mes joues. J'avais voulu que ça se termine et néanmoins, je ne pouvais me résigner à ce couperet qui venait de tomber. C'en était fini. Irrémédiablement terminé. Irrévocable. Les larmes avaient laissé place aux sanglots, de plus en plus forts, inconsolables. Pierre avait semblé démuni et m'avait prise dans ses bras. Je ne savais pas si c'est Pierre que je pleurais ou tout ce que je perdais en le perdant.

— Je ne te comprends pas Viviane. C'est bien ce que tu voulais pourtant. Tu ne m'aimes plus, ça se voit. Je ne peux pas rester près d'une femme qui ne m'aime pas, ce n'est plus possible.

— Je sais Pierre, je suis désolée. Mais c'est si dur pour moi de penser que c'est fini, que nous ne nous verrons plus. Promets-moi qu'on pourra s'appeler quand même. Hein ?

— Évidemment, tu sais que je serai toujours là pour toi. Je t'aime Viviane et pour toujours. Je ne pourrai jamais aimer quelqu'un d'autre que toi. Tu m'as ouvert à l'amour.

Je ne pensais pas que c'était possible. Merci. Je ne t'oublierai jamais. Mais je sais que pour moi maintenant c'est terminé, jamais je ne tomberai plus amoureux. Ça fait trop mal. Mais toi tu vas refaire ta vie, c'est sûr.

Je ne supportais pas de l'entendre dire ça. Et je me sentais tellement coupable. Il m'avait offert son amour dévorant, débordant et je n'avais pas su le lui rendre. Au lieu de cela, je lui avais déchiré le cœur.

— Ne dis pas ça Pierre. Ne te ferme pas à l'amour. Tu dis ça parce que ton cœur saigne, mais il guérira et un jour tu pourras à nouveau l'ouvrir à une femme.

Malgré mes tentatives, je n'étais pas parvenue à le convaincre. En milieu d'après-midi, nous avions senti qu'il était maintenant temps de nous séparer, pour de bon. J'avais à nouveau versé toutes les larmes de mon corps, ne pouvant me résoudre à me couper définitivement de sa présence. J'avais démarré ma voiture, effondrée, ma vision était brouillée par un voile humide et incontrôlable.

La douleur des insatisfactions permanentes de cette fin de relation avait laissé la place à la douleur de l'absence. Un renoncement à ce qui était et qui n'est plus. J'avais aimé me blottir dans ses bras rassurants, sentir cette douce chaleur m'envelopper, comme si soudain mon extrême fragilité et ma vulnérabilité s'effaçaient grâce à une onde d'amour bienveillant. J'avais aimé nos deux corps se glissant l'un contre l'autre, l'un dans l'autre, sans jamais de brutalité aucune, mais comme une danse langoureuse et aimante, ce concentré de tendresse et de plaisir délicieux. Ce ne sont pas ces moments que j'ai fui en te quittant Pierre, mais c'est cette incapacité à vivre l'incertitude qui m'y a poussée. Si j'avais été capable de vivre l'instant présent, sans projection, il est possible que ma décision ait été toute autre. Difficile de quitter quelqu'un que l'on aime. Est-ce normal de se sentir dépossédée d'une part de soi, ou est-ce le signe d'un amour trop fusionnel et donc délétère ? J'en avais eu largement la possibilité pendant deux ans, le temps qu'il m'avait fallu pour faire vraiment le deuil de cette relation, d'en analyser les contours dans les moindres détails. Finalement, on est assez égoïste dans ces moments-là. On pense à notre propre peine, à notre propre chagrin. C'est notre souffrance que l'on pleure, pas celle de l'autre. Ce que l'on pleure c'est ce que l'on a l'impression de perdre en étant quitté : la tendresse, les échanges, l'amour, les attentions, la reconnaissance.

J'avais compris après coup que cette décision, il ne l'avait pas prise pour lui. Lui aurait voulu que jamais cette relation ne s'arrête. J'étais la femme de sa vie, il me l'avait tant de fois répété. Il l'avait fait pour moi. Il me vouait un amour si inconditionnel, qu'à son propre bonheur, il avait préféré le mien. Il avait voulu me libérer, en prenant cette décision que je n'arrivais pas véritablement à mettre en œuvre. Il m'aimait tellement qu'il avait choisi de privilégier mon bien-être au sien. Je m'étais sentie bien penaude quand j'en avais pris conscience. Moi et mes idées arrêtées sur le développement personnel et la spiritualité, moi qui avais été prompte à juger les personnes soi-disant peu évoluées, j'avais pu percevoir toute la sagesse contenue dans cet acte d'amour. Il m'avait donné une belle leçon d'humilité.

15

Longtemps, je m'étais sentie égratignée par cette relation. D'ailleurs, mon cœur avait été fermé à toute nouvelle rencontre, même si je déclarais vouloir le contraire. Au début de notre séparation définitive, je continuais à l'appeler très fréquemment, besoin de maintenir le lien, de vérifier son amour et de m'assurer peut-être aussi qu'il n'avait pas rencontré quelqu'un d'autre, ce qui aurait fini de m'anéantir. J'avais souvent discuté de cela avec Nathalie. Elle ne comprenait pas mon choix et en même temps elle respectait cette façon que j'avais d'agir, parce que tout simplement je ne me sentais pas capable de faire autrement. J'avais bien essayé d'espacer mes appels, mais à chaque fois j'étais immédiatement rattrapée par ce désir de lui parler. Il ne se passait pas une journée sans que je ne pense à lui. Tout me rappelait Pierre, la chanson *Aimer* des « Dix commandements » que nous avions si souvent écoutée ensemble, les flammenkueche, les bilans, la TVA, les cafés viennois... Bref, je me retrouvais chaque jour confrontée à cette mémoire qui me collait comme une seconde peau et qui m'empêchait d'aller de l'avant. Je me débattais comme je pouvais dans ma vie un peu bancale. La solitude était à nouveau très présente. J'avais tellement vécu à cent à l'heure pendant cette période et fréquemment loin de chez moi, que je m'étais coupée de toute relation sociale. Tout dans ma vie était à reconstruire désormais : mon réseau amical, ma vie amoureuse, mon travail. C'était le néant. L'idée de fermer mon entreprise devenait de plus en plus présente. Cela me raccrochait trop à un passé dont je ne voulais plus. J'avais l'impression que refuser de franchir le pas, me maintiendrait enfermée dans une réalité qui ne me convenait plus. Cependant, j'étais tellement tiraillée par la peur que je reculais sans cesse ce moment où je dirais stop, définitivement. Un dimanche soir, alors que je sentais mon corps se tordre à la simple idée de tourner la clé de la porte de mon cabinet le lendemain et que les chiffres me tambourinaient dans la tête, menaçant de la faire exploser, j'eus soudain une question qui me traversa subitement l'esprit, comme une fulgurance : qu'est-ce qui sera différent dans une semaine, dans un mois, dans un an, dans dix ans et qui te permettra de prendre cette décision ?

La réponse fusa avec la même rapidité foudroyante que la question : rien. Clairement, rien ne serait différent, rien ne m'aiderait à faire ce choix. La vérité qui m'éclata alors au visage fut alors celle-ci : mais alors qu'est-ce que tu attends ? J'étais devant une espèce d'évidence, d'urgence à décider, maintenant. J'avais eu la pire des difficultés à trouver le sommeil ce dimanche-là, tellement j'avais hâte de poser des actes dès le lendemain. Je n'avais aucune idée de ce que je ferais, mais ce qui était certain c'est que ma décision était prise : avant le printemps prochain, j'aurais vendu mon cabinet. Ce lundi matin, je me levai avec entrain, pressée de voir comment j'allais m'organiser. J'arrivai au bureau et eus l'idée d'appeler un confrère pour lui poser la question. Je voulais tout de même que cela reste discret et n'avais pas l'intention de le déclarer sur la place publique. Sa ligne sonnait occupée. J'en profitais pour feuilleter le dernier numéro de RFC et tombai comme par hasard sur une publicité de N. & Go, spécialistes de la vente de cabinets d'expertise comptable. Cela me fit sourire. Je ne les connaissais pas mais j'étais, semble-t-il, sur la bonne piste. Bernard, mon confrère, ne tarda pas à me rappeler et m'orienta, sans que je le mentionne, vers N. & Go. Il me donna même le contact à appeler de sa part. Décidément, c'était fluide. Je les appelai sur le champ et nous convînmes d'un rendez-vous pour la semaine suivante. À vrai dire, c'était allé très vite, je n'avais pas trop réfléchi, comme poussée par le destin, un peu à l'image de cet automne 2007 où j'avais pris ma voiture pour l'Ardèche.

J'avais rencontré Monsieur Dupuis dans son luxueux immeuble parisien. Il m'avait posé un tas de questions sur les motifs de ma décision, sur mon entreprise. Il m'avait demandé de lui fournir des papiers de toutes sortes : bilan des trois dernières années, compte de résultat, étude détaillée de ma clientèle, etc. Ma détermination était telle qu'aucun effort n'avait été utile pour le convaincre. Il m'avait cependant prévenu que ce type de démarches pouvait prendre parfois une année, voire plus, avant d'aboutir. Je l'avais écouté, sans vraiment le croire. J'avais l'intime conviction qu'au plus tard en septembre, je confierais les clés de mon cabinet à mon successeur. Je le sentais sans l'ombre d'un doute. Trois semaines plus tard, Monsieur Dupuis m'avait recontactée, surpris lui-même de la tournure des événements. Il avait déjà quelqu'un d'intéressé par le cabinet. Il m'avait cependant demandé de freiner mon enthousiasme. Il avait déjà vu des affaires s'enclencher et capoter au dernier moment. Pendant un bref instant, j'avais éprouvé un brin de désenchantement, puis j'avais vite vu que cette façon de voir les choses ne m'aiderait d'aucune façon et j'avais continué à imaginer le jour de la signature. Moins d'un mois et quelques négociations plus tard, mon futur acheteur et moi-même étions d'accord sur l'ensemble des termes de la cession. La date de concrétisation finale avait été fixée au quinze janvier. Nous étions convenus que je resterais jusqu'à l'été pour assurer la transition et la pérennité du cabinet avant mon départ définitif. Je n'avais pas vu le jour jusqu'à la signature, mais j'avais été portée par la justesse de mon choix et au contraire, cela semblait me donner une énergie supplémentaire, malgré le rythme effréné que m'imposait la situation. Je savais aussi que ce n'était qu'un passage et qu'il serait de courte durée.

À aucun moment je n'avais réfléchi aux étapes suivantes, j'étais comme portée par le flux sans penser aux conséquences de mes actes. J'aurais bien le temps après pour cela. Une chose à la fois.

16

Remettre les clés à mon successeur avait été un véritable soulagement. Je n'avais plus l'envie depuis longtemps, la motivation m'avait quittée et je me demandais même pourquoi j'avais tant tardé. C'est comme ça avec les décisions que l'on sait pourtant devoir prendre, on attend, on attend et quand, enfin on se décide, on se dit que ce n'était finalement pas si terrible et qu'on aurait pu le faire plus tôt. En tout cas, je savais que j'avais fait un grand pas en affrontant mes peurs.

Quand j'avais annoncé à Pierre que j'avais vendu le cabinet, d'abord il ne m'avait pas crue. Il ne me pensait pas capable de le faire, sans doute. J'avais aussi ressenti une espèce de déception, comme s'il avait imaginé pour moi une vie différente, projeté un idéal que je ne serais jamais. Je n'avais jamais vraiment compris pourquoi cette idée de faire la classe à des élèves l'intéressait si peu. Argent ? Prestige ? Ambition ? Jamais, il n'avait argumenté sur ses vrais motifs et le sujet était si délicat qu'à aucun moment je n'avais cherché à engager une polémique avec lui. Immédiatement, il m'avait questionnée sur la suite. Comme je l'ignorais moi-même, je n'avais pas pu lui donner la réponse qu'il attendait.

J'avais senti son besoin d'être rassuré sur mon avenir. Il se faisait du souci pour moi. En même temps, il me voyait prendre mon envol et cela semblait lui ôter un rôle qu'il avait cru pouvoir jouer avec moi, sans le vouloir sans doute, celui de protecteur, de conseiller. Il m'avait toujours considérée comme un petit oiseau fragile à protéger et je m'étais laissée faire. Rien n'aurait pu se passer sans mon accord, même tacite. Peut-être était-ce de cela dont il avait besoin, lui, pour se prouver sa propre importance. Il me disait souvent que j'étais un mélange étrange de grande force et de profonde vulnérabilité. Je m'étais totalement reposée sur lui et il avait probablement retiré de cela une certaine puissance.

La cohabitation avec Xavier, mon repreneur, avait été compliquée. Ses méthodes différaient drastiquement des miennes et à plusieurs reprises j'avais pu ressentir de la gêne ou de l'agacement sur ses manières de faire. Un matin, il m'avait appelée à son bureau. Il était très en colère et j'avais reçu, sans m'y attendre une liste de reproches sur la façon dont j'avais traité un dossier client. J'étais debout devant lui, silencieuse, le laissant dérouler soigneusement tous ses arguments, comme on retournerait une à une les cartes d'un jeu. C'était important pour lui d'avoir raison, chercher à me convaincre sous la contrainte. Me faire plier habilement semblait lui donner du pouvoir, ou en tout cas une raison d'exister. J'étais restée là sans broncher, incapable de trouver la moindre échappée. Je l'avais écouté sans sourciller alors qu'à l'intérieur je me sentais me décomposer. Personne n'aime être forcé de rester muet devant le joug de l'autorité. On tombe à genoux, sans résister alors qu'en dedans la rage gronde. Aucun son n'était sorti, j'étais repartie tête penchée, le cœur lourd de n'avoir pas su lui résister. Je m'étais sentie vaincue, et j'avais ressassé cette défaite sans relâche. Je m'en voulais de ne pas avoir pu afficher mon désaccord. Ce ne sont que bien des heures plus tard, que j'avais découvert les failles dans son argumentation et que j'avais commencé à échafauder des réponses, mais il était bien trop tard. La bataille était achevée. Revenir à la charge, je n'en avais pas le courage, il y avait bien longtemps que j'avais baissé les bras. Comment avoir envie, comment l'obéissance servile pourrait faire grandir mon âme et ouvrir mon cœur ? C'était bien le contraire. J'avais perdu le goût de prendre ce chemin chaque matin pour venir travailler. Cette période, parfois insupportable avait cependant été une belle occasion d'expérimenter ma façon d'être en relation. Il n'y avait plus vraiment d'enjeux pour moi et j'apprenais à moins me laisser affecter par les choses. J'avais aussi plus de temps pour prendre du recul. Après des années passées à mon compte, j'appréciais la tranquillité d'esprit que me procurait le fait d'arriver à neuf heures, de faire ma journée et de repartir à dix-huit heures, en laissant mes dossiers au bureau, ne me souciant plus des charges et du personnel à payer, des nouveaux prospects à démarcher, de ma responsabilité pénale en cas d'erreur. Cela ne m'était pas arrivé depuis des années et j'éprouvais une gratitude immense de pouvoir profiter à nouveau du salariat dans ces conditions. J'avais repris le yoga avec plaisir et avais déniché des cours de chants sacrés qui me procuraient un réel bien-être. Peu à peu je reprenais goût à la vie, et à ce qui me procurait vraiment de la joie. C'était vraiment plus léger.

L'été était arrivé à grands pas et avec lui, la fin d'une époque. Pourtant je n'avais toujours pas pensé à l'après. C'est vrai que la vente du cabinet m'assurait un petit matelas financier sur lequel je pourrais me reposer quelque temps, mais rapidement j'aurais besoin, quand même, de définir plus précisément et concrètement mes projets. Pour l'instant, je m'autorisais à jouir de l'instant présent sans envisager le lendemain.

Mon départ définitif avait été prévu le vingt-deux juillet. Même si c'était ma décision, j'avais un petit serrement au cœur de dire au revoir à mon assistante, à mes anciens clients, de quitter ces bureaux où j'avais passé plus d'une décennie. Une page était en train de se tourner. Pour le moment, j'ignorais de quelle façon la nouvelle s'écrirait. Rien n'était prévu, c'était l'inconnu et à la fois tout était possible.

Ma vie avait plutôt été assez rangée jusque-là et après mon divorce, où elle avait déjà commencé à voler en éclat, il me semblait qu'une étape importante se dessinait pour moi à nouveau. Un peu comme un enfant qui fait l'école buissonnière, j'avais l'impression de dégommer des codes, de balayer des règles qui m'avaient emprisonnée toute ma vie. Il me semblait, par cette décision radicale de vendre mon cabinet, que je m'autorisais enfin à faire l'expérience d'une nouvelle forme de liberté. Cela avait d'ailleurs provoqué des remous autour de moi. Peu avaient compris ce choix, beaucoup avaient projeté leurs propres peurs. C'est souvent comme cela. Quand on critique une situation, c'est que, nous-mêmes voyons notre propre incapacité à faire de même et que, observer l'autre se le permettre, nous met face à nos propres angoisses, à nos propres incohérences, à notre propre couardise. J'avais donc écouté, sans beaucoup d'attention, ces avertissements qui se voulaient attentionnés. Ils reflétaient probablement aussi une part de moi qui n'était pas encore dans une confiance totale et entière envers l'avenir. Devant ma détermination grandissante et ma décision irrévocable, les conseils avisés, les « tu ne devrais pas », les « tu ne te rends pas compte » avaient fini par s'estomper, puis disparaître. Je sentais même que les plus grands critiques commençaient à admirer le courage de ma décision, je voyais parfois leurs yeux briller à l'idée qu'ils pourraient éventuellement, peut-être un jour, en faire autant. C'était fou comment des choix personnels pouvaient impacter autour de soi d'autres personnes et les inspirer à oser.

Xavier avait eu la prévenance d'organiser un pot en l'honneur de mon départ. Il avait convié les plus fidèles clients du cabinet et d'autres prestataires avec lesquels j'avais travaillé pendant des années. J'avais été émue de voir tous ces gens rassemblés rien que pour moi. C'était comme une consécration, une forme de reconnaissance du travail accompli, et surtout des liens précieux tissés au fil du temps. Car finalement, je constatais qu'en suivant des entreprises dans leur comptabilité, on partageait beaucoup de leur vie. On était aux premières loges en cas de coup dur. On était au cœur de leurs difficultés, de leurs doutes, de leurs réussites aussi. On était là pour calmer leurs angoisses, pour les encourager et les soutenir. On pouvait aussi parfois, les regarder s'écrouler, impuissant. C'était aussi ça les projets entrepreneuriaux, parfois victorieux, parfois désastreux. En tout cas, c'est de cette manière que j'avais exercé mon métier et c'est peut-être pour cela que c'était aussi difficile de quitter tout ça. Les tableaux de chiffres ne me manqueraient certainement pas, mais ces compagnons de route sûrement. Les remerciements m'avaient fait chaud au cœur. Je savais déjà que certains ne resteraient pas au cabinet.

J'avais décidé de laisser passer l'été, comme un sas entre deux tranches de vie, me baigner dans le courant me séparant de l'autre rive, respirer avec insouciance le non-faire, savourer pleinement le non-agir. Mes filles étaient là pour un mois, et j'avais envie aussi de profiter de ces moments pour être près d'elles. L'été avait tenu ses promesses. La chaleur avait été au rendez-vous, la douceur des nuits étoilées avait bercé nos discussions tardives, et la fraîcheur de l'océan, vivifié nos corps joliment colorés par le soleil. Je l'avais vécu comme une parenthèse enchanteresse, un doux présage d'une vie nouvelle qui s'annonçait. Je m'étais sentie vivante, vraiment.

17

Les premiers jours de septembre avaient sonné. Louise et Annabelle avaient repris leur vie, loin d'ici. Je ne les reverrais qu'à Noël certainement. Pornic commençait à se vider de la horde de touristes qui avaient envahi la ville durant l'été. Restaient quelques retardataires qui avaient choisi d'attendre, pour pouvoir profiter de la ville avec plus d'intimité. Les restaurants s'étaient désemplis, les terrasses avaient été désertées, peu à peu. J'appréciais la quiétude de cette petite ville de bord de mer à l'automne, l'hiver et aux abords du printemps, quand l'assaut frénétique des visiteurs venant d'ailleurs cesse et redonne à la cité son calme d'origine, où l'on prend le temps d'échanger avec les commerçants, épuisés après une saison effrénée et sans relâche. C'étaient les meilleurs moments pour moi. Régulièrement, je reconnaissais avec délice la chance qui était la mienne de pouvoir bénéficier de ce cadre toute l'année, alors que pour beaucoup, une semaine était juste le temps qu'ils avaient pu s'offrir en laissant derrière eux les bruits assourdissants et le rythme délirant de la ville.

C'est en sirotant mon café sur le vieux port que j'avais soudain eu une prise de conscience foudroyante, descendant du ciel à une vitesse vertigineuse et me frappant en plein cœur : mon état dépressif m'avait quittée. Je ne l'avais pas vu partir, il avait pris ses cliques et ses claques discrètement, à pas feutrés, il s'était évanoui, évaporé comme la brume matinale. Il avait certainement senti que sa présence n'était plus nécessaire, il ne m'avait pas saluée en partant. Sans doute n'avait-il pas voulu me déranger. Je ne savais pas s'il reviendrait. Je ne m'attendais pas à ce qu'il refasse surface de sitôt et qu'il me tombe dessus à bras raccourcis, mais, à ma plus grande surprise, je n'avais pas peur qu'il revienne. Je me sentais prête à l'accueillir. Tenez, si par hasard, à cet instant même, il était venu s'asseoir sur cette chaise à côté de moi, je lui aurais offert un café. Je l'aurais d'abord remercié d'avoir été si fidèle pendant toutes ces années. Ça, c'était sûr, il avait été présent, il n'avait jamais manqué à l'appel, pas une seule journée ! Je ne ressentais plus aucune rancœur envers lui, je me surprenais même à lui vouer une certaine forme de reconnaissance, lui qui m'avait permis de toucher mes profondeurs, lui qui m'avait autorisée à réveiller la princesse endormie que j'étais, lui qui avait favorisé l'émergence de ma nature plus vraie, plus authentique, lui qui avait consenti à me montrer la voie d'une joie beaucoup plus profonde. Mais je l'aurais embrassé à l'instant, s'il s'était tenu devant moi, je l'aurais entouré de mes bras avec vigueur et je n'aurais eu de cesse de lui dire merci, merci, merci pour tout ce que tu as fait pour moi. Il ne me faisait plus peur. C'est drôle, j'aurais presque eu envie qu'il se présente là, maintenant, devant moi.

Je n'en revenais pas ! J'avais commandé un deuxième café et une petite crêpe beurre-sucre pour fêter ça. J'étais tellement abasourdie que je restais là sur ma chaise face au port. J'avais envie de le crier aux rares passants présents sur la promenade. « Ma dépression a disparu, vous entendez, ma dépression a disparu, vous y croyez vous ? C'est incroyable ! Et je viens juste de m'en rendre compte, là maintenant… ». Ma dépression m'avait quittée. Elle n'avait pas fait de bruit en partant, elle n'avait pas eu besoin d'un grand fracas. C'était bizarre de constater qu'elle n'était plus là, tout simplement, aucune annonce n'avait été nécessaire : eh oh, je pars, regarde-moi bien je pars. Non elle était partie, c'est tout. Elle n'avait plus d'histoires auxquelles se raccrocher, elle n'avait plus d'os à ronger. Elle n'avait plus de terrain pour s'installer. Elle n'avait plus lieu d'être, c'est tout.

Elle nous ronge pendant des années, elle nous maintient à terre, elle nous terrasse, elle nous prive de la joie, elle nous éloigne des rires, elle nous cogne, elle nous frappe, elle nous isole, elle nous emmure, elle nous anéantit, elle nous cramponne, elle nous harponne, elle nous transperce de ses griffes acérées et puis un jour elle s'en va. Elle s'en va pour aller hanter d'autres âmes, qui ne sauront résister à son appel, le chant lancinant des sirènes.

Je regardais mon délicieux dessert déborder de mon assiette – c'était à mon goût la meilleure crêperie de la ville - et je me disais que, moi aussi, je venais de me retourner comme une crêpe, un grand retournement.

Ce changement hallucinant de paradigme et de manière de voir avait eu une importance considérable pour moi. J'étais sortie d'un état où je me croyais encore victime des circonstances, où je me désolais de mon sort, où je maudissais la vie, pour accéder à un espace où je pouvais enfin reconnaître combien ces dépressions successives m'avaient, au contraire, aidée à sortir de la torpeur et d'une vie bien trop étriquée pour moi. Au fond j'avais passé une bonne partie de ma vie à me batailler avec des fantômes. Aujourd'hui, je me réveillais d'un cauchemar sans savoir si je l'avais vraiment vécu ou en tout cas, les monstres qui m'avaient semblé si effrayants n'avaient plus de prise sur moi.

Le patron du bar s'était approché pour débarrasser ma table et il m'avait regardée en souriant. S'était-il aperçu de quelque chose ? Peut-être pas, mais j'avais l'impression qu'il me dévisageait. J'étais venue ici des tas de fois, même quand j'étais au plus bas. Dans les pires moments, j'avais cependant toujours trouvé la force de sortir, voir du monde, aller au marché. Je n'avais jamais franchi cette ligne où l'on reste enfermé entre quatre murs, où la seule pensée de pouvoir croiser un regard nous empêche toute tentative. J'avais essayé de faire bonne figure, toujours, évitant cependant toute discussion. Nous avions échangé un regard complice. J'avais la sensation qu'il savait ou peut-être pas, mais avait-il remarqué cette transformation ? C'est souvent comme ça quand quelqu'un change. On a l'intuition qu'il s'est passé quelque chose pour la personne mais on n'arrive pas à dire précisément quoi. C'est fou ce qu'une énergie différente provoque autour de soi, instantanément. Le bonheur rend beau, il fait rayonner, il foudroie, il agit comme un aimant, attirant tout dans son sillage, balai d'ondes qui s'entremêlent. Il avait fini par engager la conversation. Simples banalités sur le temps qu'il faisait, la saison qui venait de prendre fin, les prix qui augmentent. Il m'avait demandé ce que je faisais dans la vie. Je lui avais expliqué les choix récents que j'avais faits et avais osé mentionner mon projet de devenir professeur des écoles. Il m'avait écoutée attentivement en hochant de la tête, et il m'avait dit quelques mots que je m'étais souvent rappelés dans les moments où j'aurais pu abandonner : waouh, vous en parlez avec un tel engouement, ça fait plaisir à voir. En tout cas, je suis sûr que vous réussirez, ça semble une telle évidence pour vous. Je l'avais regardé avec gratitude. Une fois encore, la vie me prouvait que les sages étaient partout, il suffisait de savoir saisir leur bonne parole. Et si vous voulez, ma femme travaille à l'école primaire Saint-Joseph donc si vous avez envie de la contacter, je peux vous donner son numéro. Elle serait ravie de vous renseigner.

Je constatais depuis quelques temps ma plus grande faculté à engager la conversation avec des personnes que je ne connaissais pas. À chaque fois, je vérifiais que la succession de ces rencontres était d'une grande richesse et ouvrait la voie.

C'est vrai que cette idée d'animer une classe de jeunes enfants, continuait de s'imposer comme la seule piste qui faisait chanter mon cœur. Néanmoins, depuis la vente du cabinet, je n'avais pas vraiment enclenché de démarches, comme si je retardais ce moment où je m'engagerais vraiment. Peut-être y avait-il encore quelques doutes qui subsistaient ou étais-je dans l'attente que quelqu'un me donne le feu vert, une sorte d'autorisation. Au fond je savais que le mouvement ne pouvait être initié que par moi, qu'il était peut-être l'heure de passer vraiment à l'action. J'avais profité du temps qui m'était offert, et cela avait été une vraie bénédiction. Cela ne m'était jamais arrivé, j'avais toujours vécu dans un rythme très soutenu. C'était un luxe et je reconnaissais la chance que j'avais. Peu de gens pouvaient se le permettre. Je pouvais voir le soleil briller en plein après-midi et partir me promener, appeler une amie. Bref toutes ces envies que l'on peut satisfaire sur l'instant et auxquelles on a si peu accès quand on travaille toute la journée. Cette courte discussion avec le cafetier m'avait stimulée et je me disais que, peut-être, le moment était venu de passer à l'action. J'avais donc décidé d'appeler son épouse le soir même. Il m'avait noté son numéro sur un petit bout de papier que j'avais glissé dans mon sac. J'avais envie de tester ce qui se passerait si je répondais tout de suite aux petits signes envoyés par la vie. J'avais la conviction qu'elle m'en enverrait davantage et c'est ce que j'allais vérifier très rapidement.

Le cafetier m'avait fait un petit signe de la tête quand je m'étais levée pour partir. Dans ses yeux, je m'étais trouvée belle. La vie était de retour, enfin.

18

Le soir même, j'avais contacté la femme du cafetier. Elle m'avait donné ou plutôt servi sur un plateau, toutes les informations nécessaires. Il ne me restait plus qu'à envoyer mon dossier pour le concours de recrutement de professeur des écoles. Je l'avais téléchargé sur internet et j'en avais profité aussi pour appeler une connaissance à l'académie de Nantes. Elle m'avait proposé que je vienne la voir pour me donner quelques judicieux conseils. Je sentais une sorte d'élan, vous savez quand tout est fluide, que les actions s'imbriquent les unes avec les autres, sans qu'il soit besoin de faire le moindre effort. Il me semblait que, depuis ma rupture avec Pierre, et la vente de mon cabinet, j'avais choisi de laisser derrière moi une partie de mon passé. En posant ces actes forts, j'avais confirmé ma volonté de suivre une voie, ma voie. Il n'y avait pas eu de préméditation, le processus s'était enclenché par ma bonne volonté à vivre différemment. Cela avait été si fort ces derniers mois que sans doute avais-je été entendue. Les mécanismes de la vie s'étaient activés tous seuls sans que je n'aie à les actionner. Une force bien plus grande était à l'œuvre. J'en serai bientôt un témoin vivant.

Cette rencontre avec le cafetier avait été une bénédiction, car la date limite pour le dossier était en octobre et il me restait peu de temps pour valider mon inscription. Encore une fois, tout était parfaitement orchestré.

J'avais choisi de beaux timbres comme pour témoigner de l'importance de cet envoi pour moi et je me souviens du moment où je déposai l'enveloppe dans la boite aux lettres, comme si une partie de mon énergie accompagnait le pli jusqu'à son destinataire.

Maintenant, j'avais cinq mois pour préparer les épreuves d'admissibilité. Je m'étais replongée dans le français, les maths et aussi l'histoire de l'art, sujet que j'avais choisi pour la mise en situation professionnelle. J'avais l'impression de retourner sur les bancs de l'école, mais cette fois c'était complètement différent. Je me sentais plus légère, amusée par mes découvertes, curieuse d'apprendre. Je prenais un plaisir fou.

Les contacts avec Pierre s'étaient peu à peu espacés aussi. Il m'arrivait de ne plus penser à lui pendant une journée entière, parfois plus. La guérison était en cours, je le savais. Les longues discussions, autrefois si enflammées, avaient pris une teinte plus insipide. Elles étaient plus brèves et s'achevaient parfois sur un silence gêné. Moins besoin de s'épancher, moins besoin de se dire, de déverser sur l'autre ses tourments comme s'il pouvait en être le réceptacle. Une certaine distance avait commencé à s'installer gentiment entre nous, intimité qui peu à peu se dissout, complicité qui se meurt. Quand on a vécu un amour passionnel, peut-être n'existe-t-il pas au fond de demi-mesure ? J'avais longtemps souhaité que cette relation se transforme en amitié, et plus les mois passaient, plus cette perspective me semblait illusoire, une chimère à laquelle on tente désespérément de s'accrocher, jusqu'à ce que les derniers fils se brisent pour ne laisser présent que le souvenir puissant de ce qui a été.

Les demandes de validations étaient de moins en moins nécessaires aussi. Cette habitude délétère de chercher l'accord et l'assentiment chez l'autre. Espérer son approbation et le laisser décider, car tout simplement nous ne nous faisons pas suffisamment confiance pour le faire par nous-même. Tout ça commençait à s'estomper pour laisser place à plus d'assurance. C'était une impression étrange que celle de reprendre les manettes de sa vie, de suivre davantage sa guidance intérieure, et de marcher vers un inconnu qui nous faisait moins peur. Certes il y avait des moments de doutes, d'inquiétude où je me demandais si je n'étais pas dans une illusion, une sorte de déni, et que bientôt je me réveillerais pour constater les débris provoqués par mes choix, qui évidemment donneraient raison à ceux qui ne croyaient pas en moi. Ce n'était pas si simple au fond de suivre son chemin, et la tentation était grande parfois de faire machine arrière. C'était en effet prendre le risque du rejet, de l'incompréhension, du jugement. Instinctivement, j'avais fait le choix de prendre une certaine distance avec tout ce qui pourrait m'éloigner de mon but. J'avais rompu avec certaines relations, au contact desquelles, je perdais mon cap. Là encore, la vie m'avait fait le cadeau d'attirer à moi de nouvelles personnes. C'est ce que disait souvent avec humour mon amie Nathalie : avant de remettre un nouveau canapé dans ton salon il te faut ôter l'ancien. Elle avait raison. Tant que je m'accrochais à de vieilles relations défraîchies, je ne permettais pas aux nouvelles d'entrer dans ma vie. Mon « salon » s'était donc peu à peu vidé de ses vieux meubles et avait ainsi laissé l'espace disponible pour le merveilleux à venir.

J'avais commencé à apprécier ma solitude, à aimer davantage ma propre compagnie. Me côtoyer devenait plus supportable, je ressentais moins le besoin de me fuir, de vivre en exil de moi-même. Peu à peu, je m'étais ouvert les bras, trouvant même un penchant pour qui j'étais, comme le disait si bien Peter Handke « Si vous n'avez pas de penchant pour vous-même, il vaut mieux être mort ». D'aucun aurait trouvé cela égoïste, je le savais salutaire. Progressivement, je tirais ma révérence. Je quittais des habitudes qui m'avaient emprisonnée et continuaient à me faire croire, encore parfois, que je n'étais pas assez. Pas assez aimable, pas assez désirable, pas assez, pas assez…

Les choses avaient été relativement fluides, courant qui emporte avec lui une à une les bribes d'un destin en marche que plus rien ne peut freiner, que plus rien ne peut entraver, auquel rien ne peut se soustraire. Inéluctablement, la vie faisait son œuvre, laissant sur ses berges le superflu, enroulant dans ses flots toujours un peu plus d'essentiel, polissant puissamment les aspérités, emportant sur son passage les résidus encore fragiles, éclaboussant de ses eaux bouillonnantes, les dernières résistances.

19

Les mois suivants avaient passé comme l'éclair, entre la préparation du concours et ces temps pour moi, que je ne cessais de m'offrir. J'avais le sentiment d'être en vacances, presque. L'hyperactivité qui avait souvent été le tableau dans lequel j'avais peint ma vie semblait s'effacer peu à peu pour laisser plus de place à l'immobilité. Une immobilité active. Certes, il y avait moins de mouvement à l'extérieur mais l'émergence qui poussait de l'intérieur augurait le meilleur, une toile qui se tisse doucement, de nouvelles couleurs qui s'imposent, un plaisir grandissant à n'être qu'avec soi, à se regarder fleurir, comme un jardin au printemps, à se regarder éclore tel un bourgeon de rose, à observer l'éclat encore timide de notre soleil naissant, à respirer notre parfum. Pléiade de possibles que notre être dans sa coquille ne pouvait imaginer, constellations d'étoiles qui ne sont plus des chimères.

Cette quête absolue de rencontrer quelqu'un à tout prix n'était plus si présente. Au contraire, je me surprenais à jouir d'une liberté nouvelle, plus légère. Et c'est sans doute dans cette absence d'attente, dans cette joie d'être soi, cette ouverture à l'inattendu que Patrick était apparu dans ma vie.

Cette rencontre avait ressemblé à un jeu, un jeu auquel je m'étais laissée prendre sans beaucoup résister, sans résister du tout, même. Ce jour-là, j'avais chaussé mes escarpins noirs que je mettais si rarement. Depuis cet après-midi où les yeux du cafetier m'avaient rendue si belle, j'avais commencé progressivement à aimer me sentir femme et je sentais de plus en plus, le regard des hommes se poser sur moi, dans la rue ou ailleurs. J'avais acheté quelques robes, un peu plus décolletées, les chemises ouvertes sur la poitrine changeaient un peu de mes habituels cols roulés, ou t-shirts ras le cou. Quel risque y avait-il à oser être femme ? Quel danger pouvait résider dans le fait de plaire ? Pourquoi m'étais-je si longtemps cachée du regard des hommes sur moi, faisant tout pour m'en protéger, frêle oiseau qui craint que l'aigle tombe sur sa proie. N'avais-je que si peu confiance en ma capacité de dire non, ou à me défendre si tel en était le besoin ou l'urgence ? Par peur, j'avais déserté le monde des hommes sans m'en rendre compte.

Xavier, mon successeur s'était arrangé pour me faire participer à une formation sur l'improvisation théâtrale, prise en charge par le cabinet. J'avais toujours eu envie d'essayer, mais ma timidité m'en avait jusque-là toujours dissuadée. Quand cette occasion s'était présentée, je l'avais saisie au vol. Je m'étais dit qu'il était désormais temps d'oser faire les choses dont j'avais toujours rêvé, mais qui m'avaient semblé hors de portée, parce que je ne m'en croyais pas capable, parce que je doutais de moi, parce que je continuais à me croire limitée. C'était une opportunité de me prouver qu'il était possible d'affronter ses peurs, de sortir du cadre, de se dépasser, et aussi de rencontrer de nouvelles personnes dans un environnement totalement nouveau.

J'étais partie ce matin-là, poussée par la vie qui chantait en moi. Je m'étais perdue en route, ce qui m'avait valu d'arriver en retard. C'était raté pour ne pas se faire remarquer. Je m'étais faufilée à travers les tables, le plus discrètement possible, pour prendre place sur la seule chaise qui restait. J'avais dû faire répéter la consigne à mes compagnons de jeu et avant que je n'aie le temps de réfléchir, j'étais entrée dans le bal avec eux. Immédiatement, j'avais deviné l'insistance de son regard plonger sur moi. Il avait eu l'air intrigué, subjugué même. Sans même le regarder, je m'étais sentie transpercée de toutes parts. Étrange sensation de ces yeux qui se promènent, explorant les recoins de mon corps, se posant et repartant, continuant la visite, virtuellement, mentalement. J'avais tenté de conserver ma contenance, faisant mine de rien.

La journée s'était déroulée dans une agréable légèreté, chacun faisant preuve de plus en plus d'audace dans les jeux qui étaient proposés. Dépasser sa peur du ridicule, sortir du berceau des croyances, franchir la ligne du connu, faire tomber des barrières et avant tout s'amuser et ne pas se prendre au sérieux. Ce qui m'avait frappée, au fond, c'était la tendance que beaucoup d'entre nous ont, de croire à des enjeux qui ne sont cependant qu'illusions, à donner aux choses plus d'importance qu'elles n'en ont finalement, et même à penser que notre existence en dépend. Les exercices que notre animateur avait amenés délicatement et subtilement au fil des heures m'avaient permis de comprendre tout cela. Les moments partagés avec les participants avaient été plutôt forts, nous avions échangé nos cartes de visite, laissant ainsi ouvertes les possibilités de nous revoir.

Patrick n'avait pas tardé à me recontacter. Cela n'avait pas été une surprise, bien au contraire, je m'y attendais. Le lendemain je recevais un message dans ma boite mail : « Bonjour Viviane, j'ai beaucoup apprécié notre rencontre hier et la qualité de nos échanges. De mon côté, j'aimerais beaucoup te revoir. Aurais-tu envie qu'on prenne un verre ensemble dans la semaine ? Patrick. »

J'avais souri. C'était simple finalement. Moi qui m'étais souvent interrogée sur l'apparente complexité des rencontres, je prenais conscience que les portes s'ouvraient sans chercher, qu'il suffisait de se sentir bien et réceptif pour que cela advienne. J'avais délibérément laissé couler les heures. Je n'avais pas envie non plus de passer pour une fille facile et lui avais confirmé que j'étais libre vendredi.

Nous avions prévu de nous retrouver dans un petit bar près de la plage. J'avais senti naître en moi une sorte d'effervescence, et j'avais aimé ça. Une espèce d'ébullition, quelque chose qui pétille et qui donne de l'élan. J'avais enfilé des baskets et un jean. Envie que Patrick me découvre aussi dans mon quotidien, sans les escarpins, sans doute pour me rassurer qu'il ne fût pas juste attiré par ma plastique, mais par la personne que j'étais tout simplement. Nous avions parlé de nous, de nos vies, de nos envies, de nos joies, de nos errances. Sa main avait effleuré la mienne plusieurs fois. Il avait caressé mon visage de ses longs doigts fins, en me souriant.

Nous avions discuté jusque tard dans la nuit, le bar avait fermé. Nous nous étions retrouvés dans sa voiture pour prolonger ce moment, encore. Ce qui avait été jusque-là des frôlements discrets, ressemblants à des demandes d'autorisation masquées s'étaient transformées en invasion.

Allongée sur le siège de la voiture, je m'étais laissée aller à une certaine indécence, laissant ses mains baladeuses glisser sous mon chemisier et saisir impatiemment mes seins. J'avais omis pour un instant l'idée que l'on pourrait me voir et ce que l'on pourrait dire et je m'étais autorisée à goûter la sensation, somme toute agréable, que procure la sensation d'être désirée. Je m'étais sentie effrontée, mais vivante aussi. Nous nous étions quittés peu après, chacun rentrant chez soi, sachant que nous nous reverrions, sûrement.

20

Dans les jours qui avaient suivi nous avions échangé des SMS, moi des petits mots, lui des images plutôt suggestives. Cela avait provoqué un certain malaise en moi, dont je n'avais pas vraiment tenu compte. Je m'en voulais d'être aussi prude. J'avais cette sensation désagréable que cette difficulté liée à la sexualité serait un frein dans toutes mes futures relations et que peut-être cela m'empêcherait même de pouvoir imaginer vivre le grand amour. Patrick m'avait appelée pour que l'on se voie chez lui le week-end suivant. J'avais accepté, même si beaucoup de peurs remontaient à la surface. Ce serait l'occasion, de découvrir son environnement. Les lieux d'habitation en disent souvent long sur les personnes qui les occupent. Lieux épurés ou encombrés, couleurs, luminosité, décoration. Et puis l'ambiance du lieu, ce que l'on sent quand on pénètre dans un endroit que l'on ne connaît pas et qui parfois nous fait nous sentir bien ou au contraire, nous indispose. J'avais pris la route en début de soirée. La tension était palpable, d'autant plus perceptible, qu'elle avait été plutôt absente de ma vie ces derniers mois. De fait, je la ressentais encore plus fortement qu'à l'habitude.

À peine étais-je entrée que Patrick m'attirait à lui et me plaquait sur le sofa. Il n'y avait pas eu de préambule, il y était allé direct. Je n'avais pas aimé son regard, y voyant une brutalité qui m'avait aussitôt terrorisée. J'avais senti mon corps se raidir, sans pour autant être capable de dire quoi que ce soit. Je lui avais demandé d'éteindre la lumière. Je ne supportais pas qu'il puisse voir mon visage s'empourprer de honte, se crisper de dégoût ou afficher de la répugnance. J'avais été incapable de réagir, je n'avais qu'une envie c'était de m'enfuir et pourtant je restai là à subir. En état d'hypervigilance, je respirais à peine, guettant chaque geste comme une intrusion encore plus forte dans mon intimité. Le dégoût était tel que j'avais eu envie de vomir. Je me laissais bousculer, impuissante, il me chevauchait le corps comme un animal en rut, sans se rendre compte une seconde que je n'étais pas là, et qu'il était tout seul. La seule chose possible pour moi était de faire semblant, en espérant que ça se termine au plus vite. J'en arrivais même à m'en vouloir de ne pas être capable de me laisser aller au plaisir, à m'abandonner. J'avais le sentiment que jamais je ne pourrais y accéder. La route était fermée à jamais. Quand il roula enfin sur le côté après avoir éjaculé, je me rendis compte que j'étais en apnée. J'attendis qu'il s'endorme, ce qui ne tarda pas à arriver et allai me réfugier dans la chambre d'à côté. Je profitai de mon insomnie pour échafauder un scénario sur la manière de quitter cet endroit au plus vite. Quand je l'entendis se réveiller le matin suivant, j'étais encore aux abois. Je décidai de ne rien dire qui puisse éveiller ses soupçons. J'avais besoin de temps pour reprendre mes esprits loin de lui et lui exprimer ce qui s'était passé pour moi avec clarté, une fois les émotions retombées. Je me levai et me dirigeai vers lui. Il prit la parole en premier. Il semblait ne s'être aperçu de rien :

— Ça va Viviane ?

— Oui ça va, et toi, tu as bien dormi ?

— Comme une masse. Es-tu allée dormir à côté ?

— Oui, j'ai préféré. Je voulais rattraper mon manque de sommeil. J'ai eu un appel de ma fille ce matin, je vais devoir rentrer. Elle a besoin que je lui envoie des papiers en urgence et ils sont à la maison.

— Ah ? C'est dommage, j'avais prévu de t'emmener faire un tour au Pouliguen.

— Eh bien ce sera pour une prochaine fois.

— Tu ne restes même pas pour déjeuner ?

— Écoute non, je préfère y aller.

J'avais pris ma douche à la hâte pour éviter que l'envie de me faire l'amour puisse lui traverser l'esprit une seconde fois. J'avais rangé mes affaires rapidement. J'avais récemment appris qu'il était parfois bon de mentir. En tout cas, à cet instant, je n'avais pas su faire autrement. Un bref baiser et j'étais montée dans ma voiture sans demander mon reste et avais attendu d'être au coin de la rue pour pousser un profond soupir de soulagement. J'avais eu l'impression de sortir des griffes de mon prédateur. J'avais parcouru quelques mètres et m'étais arrêtée sur une aire au bord de la route, afin de prendre l'air. Je m'étais appuyée sur ma voiture pour ne pas chanceler. Un chauffeur routier, croyant que j'étais en train de faire un malaise s'était même approché en me demandant si tout allait bien. Je l'avais rassuré. Quelques minutes plus tard, j'avais repris la route, un peu apaisée. En arrivant à la maison, j'avais fermé les portes, éteint mon téléphone. Je m'étais précipitée sur mon lit, et enveloppée dans ma couette. Besoin de revenir chez moi, de me sentir en sécurité, protégée, à l'abri de tout danger.

Il m'avait fallu quelques heures pour analyser ce qui venait de se passer au-delà de la situation apparente. J'avais été mise face à mes propres démons. Le passé m'avait rattrapée et les monstres endormis avaient refait surface avec une grande violence. Leurs grondements m'avaient clouée au sol, me laissant dans une sorte d'hébétude et de sidération. Il m'avait semblé pouvoir faire l'économie de cet épisode de ma vie, j'avais cru que le simple souvenir déterré de la mémoire suffirait à l'anéantir. Je m'étais trompée. La mémoire de l'abus était encore bien présente dans mon corps, et ce qui venait de se passer en était la preuve. Ignorant les cris venant de l'intérieur, j'avais inconsciemment choisi de manifester cette expérience pour me le rappeler. J'avais compris qu'il me serait impossible de faire l'impasse sur cet événement si je voulais, un jour, goûter pleinement ma vie de femme. J'avais donc réservé une séance chez une guérisseuse qu'une amie m'avait conseillée. Une partie de moi n'avait aucune envie de revenir sur le passé et à deux reprises j'avais eu des empêchements qui m'avaient fait annuler les rendez-vous. J'avais fini par lâcher mes résistances et par m'y rendre.

Marie-Christine était de ces thérapeutes qui donnent confiance immédiatement. À peine étais-je entrée dans son cabinet que je me savais entre de bonnes mains et pour ce type de traumatismes, c'était important de se sentir en sécurité. Doucement, nous avions remonté le fil du temps jusqu'à ce jour tragique qui avait bousculé ma vie à jamais. Avec beaucoup de délicatesse, elle avait réussi à me mettre en contact avec cet enfant insouciant que j'avais été jadis avant ce drame. Peu à peu je m'étais senti redevenir cette enfant. Au moment où j'avais vu mon oncle s'approcher et commencer à se masturber devant moi, je n'avais pu retenir ce cri déchirant, presque animal, un hurlement venu des profondeurs, un cri retenu depuis bien longtemps au fond de mes entrailles. Il était venu transpercer le silence de l'oubli avec une force telle, qu'il m'avait semblé entendre les murs trembler. J'étais tombée à genoux, exsangue. Pendant tout ce temps Marie-Christine avait été près de moi, me répétant comme une litanie d'une voie douce qui guérit : je suis là, tu es en sécurité à présent, tout va bien, personne ne te fera plus de mal, tu es protégée. Les cris s'étaient progressivement transformés en sanglots étouffés, puis en gémissements. Les larmes qui avaient continué à couler, longtemps, semblaient venir mettre du baume sur la blessure. L'événement lui ne pouvait être changé ; en revanche, que la douleur soit entendue, accueillie, enveloppée, venait soigner la cicatrice durablement. Après le rendez-vous, je m'étais enfermée chez moi pendant deux jours, le temps d'infuser tranquillement ce qui venait de se passer. J'avais continué à bercer la petite Viviane à chaque fois que je sentais qu'elle en avait besoin. Je lui avais murmuré les plus doux des poèmes, les plus soyeuses des comptines. J'avais laissé mon cœur chanter pour elle avec une infinie tendresse.

Dès le lendemain, j'avais appelé Patrick pour lui dire que je souhaitais mettre un terme à notre relation. Je n'avais pas voulu entrer dans les détails et lui avais simplement dit que je ne me sentais pas amoureuse, ce qui était vrai du reste. Je ne souhaitais pas qu'il se sente coupable d'avoir provoqué un tel tsunami. Je n'avais pas le courage ni l'élan de me perdre dans les explications. Parfois, les mots sont de trop. Ils nous coupent de nos véritables ressentis. Il avait semblé surpris de cette décision radicale et soudaine, mais n'avait pas cherché à en savoir davantage, ce qui m'arrangeait plutôt bien. D'ailleurs, j'étais plutôt reconnaissante de ce qui s'était passé. La libération était survenue grâce à cela. Revivre le dégoût au plus profond de ma chair avait réactivé la blessure pour qu'enfin elle soit vue et accueillie. Je commençais à réellement me persuader que les rencontres n'étaient jamais le fruit du hasard, qu'elles portaient en elles des germes de croissance, qu'elles étaient le terreau de belles et grandes transformations. Oui, elles étaient tout cela, au-delà la souffrance, au-delà la douleur, au-delà la surface, elles étaient des offrandes, posées à nos pieds, attendant patiemment notre bénédiction.

21

Cet épisode n'avait pas été anodin. Il m'avait secouée dans mes fondements, provoquant le plus déstabilisant des tremblements de terre. Je me rappelais soudain, ce que Don Pedro m'avait dit au moment où ce fameux souvenir s'était présenté : la guérison viendrait quand il serait l'heure. Cela avait mis trois ans, et encore, je n'étais pas bien sûre de pouvoir revoir l'image de mon oncle sans frémir. Le pardon viendrait lui aussi avec le temps, quand l'évocation de cet épisode, ne donnerait à entendre qu'un merci sincère et définitif, car il m'aurait permis de devenir la femme que je suis, rien que cela, tout cela. J'avais aussi compris que tant qu'il m'était impossible de vivre cette intimité avec moi, tant que je me tiendrais éloignée de moi-même, il ne me serait pas non plus possible de vivre cette intimité avec l'autre. Mais là, même si je le savais intellectuellement, je n'avais aucune idée de comment je pourrais un jour me sentir vraiment libre dans mon corps.

À cet instant, je pouvais encore constater, désarmée, le fracas que cela avait eu sur ma vie, échardes enfoncées dans ma chair, assaut terrible au plus profond de l'intime, éclats d'obus qui ne cessent de nous rappeler, encore et encore, la présence du conflit et qui, jamais, ne nous laissent totalement en paix. Après cet épisode fulgurant, secouée jusque dans la pulpe de mes entrailles, à la manière d'une bouteille d'Orangina, j'avais pu à nouveau me concentrer sur mes cours. La date du concours approchait à grands pas. Je n'avais pas de crainte, si ce n'est de le réussir. C'est parfois cela avec les rêves que l'on chérit en soi pendant longtemps, il y a une sorte de frénésie quand on les sent se rapprocher, quand ils nous frôlent, un désir qui éveille nos sens, qui danse sur les rebords de notre existence et qui parfume peu à peu nos journées. On s'inquiète de savoir s'ils auront le goût que la puissance de notre imagination leur avait octroyé, si leur substance peut donner à notre vie la consistance tant escomptée, si la couleur de leurs reflets est à la hauteur de nos espérances les plus vives, si la saveur de leur texture fonde sur notre langue dans un frémissement délicieux. Bref, on ne sait rien de ces rêves finalement. Ils ne pourraient avoir été que des illusions au fond, ils pourraient tout aussi bien nous décevoir, nous terrasser, nous paralyser, nous immobiliser. Ils pourraient retomber comme un soufflé raté, ôter en un instant toute la joie qui les contenait, volatiliser l'espoir qu'ils incarnaient, la promesse qu'ils renfermaient, une copie imprimée de mauvaise qualité, un reflet aux traits disgracieux sur la surface de l'étang. Ils pourraient mettre moins de temps à se dissoudre que ce qu'ils n'en avaient mis à fleurir. Ils pourraient s'éteindre brutalement, se disloquer d'un coup. Et là ce serait terrible.

La curiosité était plus forte que tout. Même en coupant les moteurs maintenant, le paquebot aurait continué à glisser sur l'eau jusqu'au port. Le mouvement était lancé et il était irréversible. Je me réveillais la nuit avec, dans la tête, le cri des enfants jouant à chat perché, les éclats de rire, le regard fier devant les bonshommes, les châteaux et les maisons aux couleurs bigarrées, les bagarres enfantines, les pleurs inconsolables, les visages barbouillés de chocolat, les vérités assénées avec l'innocence de l'âge et la pureté intacte de l'enfance. Je sentais que ma place était là. Qu'à ce stade de la vie, il était encore temps de semer des graines dans ces cervelles encore malléables, qui pourraient entrevoir d'autres possibilités que celles entretenues par des parents souvent maladroits, écorchés par leurs propres histoires, tentant désespérément d'élever des enfants alors qu'eux-mêmes en étaient encore. J'aurai la chance de pouvoir intervenir à ma manière, pour infuser de la confiance là où les peurs avaient pris racine, de laisser les émotions s'exprimer, les encourager même, là où elles étaient réprimées ou interdites, porter l'attention sur leurs talents, au lieu de faire ressortir leurs imperfections, leurs défauts, stimuler leur capacité à préférer leur boussole intérieure aux diktats extérieurs. Bref, le champ d'expérimentation allait être immense et c'est ce défi-là qui me plaisait. L'impression de pouvoir être utile, de donner du sens, de contribuer, à ma manière. L'enjeu était de taille, et je me sentais la mission de mettre ma pierre à l'édifice. Il me semblait que si les enfants avaient cette chance très tôt, peut-être se verraient-ils épargner des années de souffrance et d'errements, peut-être pourraient-ils éviter de gaspiller de précieuses années à démêler les fils tordus de leur existence, à se délester de fardeaux trop lourds pour leurs petites épaules et pourquoi pas, être des flambeaux pour leurs propres parents. C'était cet idéal que je caressais au fond de moi.

Rien à voir avec la rigueur des chiffres comptables, ou peut-être si, tout à voir finalement : rigueur dans le respect de soi, rigueur dans l'écoute, rigueur dans la valorisation. Ne pas laisser une virgule d'erreur dans l'attention, veiller à ce que le bilan de fin d'année soit le plus positif possible, mettre au crédit toutes les fiertés, toutes les réussites, regarder avec égard le négatif et envisager les solutions possibles, veiller à ce que notre compte de trésorerie intérieure soit la plus riche et la plus accessible possible, fusionner avec la partie la plus élevée de soi-même. Faire que cet effort à considérer notre richesse intérieure soit aussi fort et constant que celui consacré à développer nos entreprises. À cette pensée, tout mon être s'enflammait, porté par cette envie insatiable de partager ce qui m'avait été donné de comprendre, si tardivement.

Devant cette impulsion si vivante, il ne pourrait y avoir personne capable de me faire renoncer. C'était tout simplement impossible.

Peut-être y avait-il aussi dans ce choix l'idée de donner à ces enfants ce qu'il ne m'avait pas été possible de faire avec mes propres filles, comme si cela pouvait réparer mes erreurs. Je n'avais pas été une mère parfaite, loin de là, d'ailleurs qui pourrait être une mère parfaite ? Et était-ce souhaitable au fond ? D'une manière ou d'une autre, nous laissions nos traces et les enfants avaient à faire avec cet héritage, à leur tour, comme je l'avais fait moi aussi. Il n'était plus l'heure de se sentir coupable. J'avais fait de mon mieux, avec qui j'étais à cette époque, avec ce que je savais. Elles avaient aussi été les témoins de mon évolution, elles avaient appris de cela, certainement. Elles avaient vu que les gens peuvent changer, toujours, qu'ils peuvent tomber et se relever, qu'il est possible de suivre une nouvelle voie, que les échecs rendent plus fort, qu'un jour on peut retrouver la joie en soi, alors qu'on la croyait éteinte, que l'on peut recontacter son âme d'enfant, même à quarante ans. Elles avaient été les témoins de tout cela. Et même si elles avaient pu être impactées par mes traversées et certaines de mes réactions parfois un peu vives à leur égard, elles pouvaient voir aujourd'hui que rien n'est irrémédiable, que tout se transforme, qu'il est toujours possible de s'excuser, que l'on peut tout dire, absolument tout, qu'il faut toujours faire les choses pour soi, et non pour faire plaisir à l'autre. Ainsi, elles avaient pu faire très tôt leurs vrais choix, en complète résonance avec leur profond désir, parce qu'elles avaient appris que personne ne peut mieux savoir qu'elles, ce qui était bon pour elles. Personne. Oui c'est cela qu'elles avaient intégré et je savais au fond de moi que je leur avais offert un trésor inestimable. Alors tout cela venait effacer les petits restes de culpabilité, qui parfois encore, venaient se présenter.

22

Après la douche froide avec Patrick, j'avais eu besoin de me concentrer sur autre chose que ma vie amoureuse. La préparation du concours me donnait un excellent prétexte et j'en avais aussi profité pour rejoindre Nathalie à Toulouse quelques jours. Ce serait l'occasion de lui apporter aussi du réconfort. Nathalie s'était séparée de son compagnon, brutalement. Le début de la relation avait été passionnel. Elle avait apprécié chez cet homme ses attentions, sa présence, son amour débordant, puis elle s'était peu à peu étonnée de sa possessivité excessive et avait dû faire face à des crises de jalousie violentes. Un soir, il l'avait même plaquée contre le mur du salon, la soupçonnant de voir un autre homme. Elle avait alors compris qu'elle était en danger. Il lui avait fallu quelques semaines pour préparer son départ, en douce. Elle avait loué un studio et était partie comme ça du jour au lendemain pendant qu'il était au travail, tant elle avait redouté ses réactions.

Nous avions passé trois jours formidables. C'était doux de pouvoir se serrer dans les bras l'une de l'autre. Nous avions passé de longues heures à nous balader dans la campagne, autour du lac de Ganguise et à échanger sur ce que nous vivions. Il y avait souvent tellement de résonnances, tellement d'échos à nos histoires. Nous avions l'impression qu'ensemble nous étions capables d'avoir beaucoup de clartés, comme si le simple fait de parler venait instantanément éclairer les angles morts et faire jaillir des lueurs de vérité. Sur la route du retour, je m'étais arrêtée à Toulouse. Je voulais en profiter pour faire un petit tour dans la ville rose. Au moment de partir, je m'étais ravisée et je m'étais dirigée vers la librairie Privat, me rappelant que je voulais acheter « Lettres à un jeune poète » de Rilke. Un ami m'en avait récemment parlé avec tellement d'enthousiasme que je tenais absolument à me le procurer. J'étais entrée dans l'immense espace et avait fait un petit détour par le rayon développement personnel. Je feuilletai un livre quand je sentis un frisson me traverser du bas du dos à la nuque. Par réflexe, je me retournai. Je me retrouvai face à un homme qui me regardait fixement. J'étais là, devant lui, incapable de bouger. Mon corps était complètement inondé de vibrations, une sensation incroyable de communion. Au bout de quelques minutes, il s'approcha de moi et nous nous enlaçâmes. Nous restâmes au beau milieu de la librairie dans les bras l'un de l'autre, comme ça, juste en présence. Nous sentions la proximité de nos cœurs battre de concert et le souffle léger de nos deux respirations se mêler l'une avec l'autre. À aucun moment, je ne me demandai quel effet pouvait avoir cette situation quelque peu farfelue sur les clients présents dans le magasin. Il y avait quelque chose de bien plus grand à l'œuvre, d'incontrôlable, d'irrationnel, éloigné de toute logique. J'étais là devant le rayon développement personnel de la plus ancienne librairie de

Toulouse et j'étais dans les bras d'un homme que je ne connaissais pas. Au bout de quelque temps, nous desserrâmes notre étreinte et nous regardâmes longtemps, longtemps sans prononcer un mot, chacun scotché et troublé par ce qui venait de se passer, tout en étant bercés par une sorte d'évidence, que rien ne pouvait contraindre, qu'aucun barrage ne pouvait retenir, à laquelle aucune raison ne pouvait résister. Un appel qui ne se prononce pas, mais qui se vit, qui ne laisse place à aucune hésitation, aucun atermoiement. Un élan impétueux qui se délivre sans ambages, qui s'offre avec simplicité. Pour l'ancienne comptable à l'esprit rationnel que j'étais, cela n'avait aucun sens. Où étaient donc ma maîtrise parfaite de toute situation, le contrôle de toute chose, l'anticipation mesurée des événements ? Envolés, disparus, dissipés. La transformation profonde opérée en moi s'était faite progressivement, sans que je puisse en sonder l'exacte teneur, freins qui partent en fumée progressivement, chaînes qui s'érodent et finissent par se briser définitivement. La femme que j'étais devenue au fil du temps était si différente de celle de mon passé. Plus libre, plus spontanée, plus folle aussi. Cette folie qui nous surprend, qui nous prend, qui nous apprend et nous désapprend. Cette folie qui nous tire, nous pousse et nous tiraille. Cette folie qui nous fait emprunter des chemins de traverse, des sentiers inconnus, des routes dépourvues de balise. Cette folie qui nous fait perdre le nord, qui nous fait changer de décor et tirer notre vie au sort. Cette folie, qui tout à coup nous sort de la morosité et qui nous rend joyeux tant elle est inattendue. Cette folie qui nous embarque, qui nous transporte, qui nous exalte.

Qu'est-ce qui est le plus fou au fond ? La folie ou la raison ? Cette raison qui nous contraint, qui nous empêche, qui nous maintient dans une petite vie étriquée et sans couleurs ? Cette raison qui nous éloigne des risques et de nos rêves aussi. Cette raison à laquelle on donne notre pouvoir sans vraiment se rappeler pourquoi. Parce que c'est ce que l'on a appris, ce que l'on a toujours fait, parce qu'elle a, depuis l'éternité, dicté notre conduite. N'est-ce pas cela au fond la vraie folie ? La plus grande et la plus tragique des folies. C'est tragique de passer à côté de sa vie, c'est tragique de rester dans ce qui nous contente, c'est tragique de contenir nos frustrations, c'est tragique de vivre à moitié endormi. Et moi, j'étais devant cet homme que j'avais étreint sans raison, en suivant ma folie, et je me disais : bon sang ! C'est ça la vraie vie.

— Moi c'est Marc, finit par dire le bel inconnu qui se tenait devant moi.

— Je suis Viviane.

— Ça vous dit qu'on aille se poser quelque part ?

— Oui, avec joie. Je passe juste prendre le livre que je suis venue chercher. On se rejoint dehors ?

— D'accord.

Pour gagner du temps, je demandai au premier vendeur venu de me conduire vers les livres de Rilke et me dirigeai vers la caisse pour payer mon achat. Quelques minutes plus tard, j'étais sur le trottoir avec Marc.

— Un petit bar tranquille ça te dit ? On se tutoie ?

— Oui, parfait. Oui évidemment.

Nous avions marché collés l'un contre l'autre sans un mot jusqu'au bar. L'endroit était très cosy et idéal pour discuter. Je commandai un thé parfumé et je pris la parole en premier :

— Bon, je tiens à te le dire tout de suite, ce n'est pas dans mes habitudes de prendre dans les bras un homme que je ne connais pas en plein milieu d'une librairie. En fait c'est la première fois, dans une librairie et dans la vie tout court…

— Moi non plus, je te rassure.

Nous avions échangé peu de mots au départ comme s'il n'y avait rien à dire, simplement à être ensemble, présents à l'instant. Aucune gêne. Le silence était plutôt rempli, aucun besoin d'y ajouter des fragments d'histoires qui n'auraient pu que le dénaturer. L'invisible était là, bien assis avec nous, entre nous, en nous. Le visible c'était nos mains qui se cherchaient, les caresses qui s'échangeaient, les regards qui se croisaient, les lueurs qui brillaient dans nos yeux.

Puis, les langues s'étaient déliées, celle de Marc surtout, la mienne, un peu. J'avais bu ses paroles. Il était guérisseur. Il avait un cabinet dans Toulouse et voyageait aussi à travers le monde pour poser ses mains magiques sur les corps et les âmes souffrants et malades. Il avait parmi sa clientèle des personnalités connues et semblait être parfaitement à l'aise avec l'exercice de son métier. Instantanément, tout m'avait plu chez lui : son côté décontracté mais raffiné, son charme et son charisme, ce savant mélange de virilité et de douceur, le milieu dans lequel il évoluait, sa philosophie de vie qui venait parfaitement coïncider avec ma propre vision de l'existence, la simplicité avec laquelle sa vie semblait se dérouler. Bref j'avais été séduite, un peu anesthésiée, comme si tout à coup se matérialisait devant moi l'homme que j'avais attendu depuis toujours. Il flottait presque un parfum d'irréel, de surnaturel. J'avais souvent désespéré de trouver un homme qui ait cette dimension spirituelle, avec lequel je puisse parler le même langage sans avoir à expliquer les b.a.-ba, à ajuster les fréquences, à ne pas passer pour une extra-terrestre. J'avais devant moi la personne parfaite. Tout à coup, je ne pensais plus à rentrer, j'avais oublié que j'habitais à quelques centaines de kilomètres de là. Je ne vivais que pour cet instant, un peu comme un rêve auquel on a renoncé depuis bien longtemps et qui se manifeste tel un miracle. J'avais toujours eu en horreur les sites de rencontres et je m'étais bien juré de ne jamais y avoir recours. J'aimais les contes de fées, les histoires de princesses et de princes charmants et là je me voyais déjà dans dix ans à raconter avec un éclat dans les yeux comment Marc et moi nous nous étions rencontrés. Au vu de la nuit qui avait commencé à tomber, Marc m'avait demandé si je souhaitais passer la nuit sur Toulouse. J'avais dit oui sans réfléchir, et sans l'ombre même d'une hésitation. Je n'avais jamais fait ça. Je ne le connaissais pas au fond. Une sorte de folie irrépressible s'était emparée de moi. J'avais l'impression d'avoir rajeuni de trente ans en quelques heures. C'est avec ravissement que j'avais découvert sa maison. Elle correspondait en tout point à ce que j'aimais : le subtil mélange d'ancien et de moderne, l'immense cuisine donnant sur le jardin, les briques rouges tutoyant avec goût les pierres anciennes et les parquets massifs, les tableaux colorés contrastant avec la blancheur des murs. Tout y était, il ne manquait rien. Aucune faute de goût, rien à redire.

Nous avions picoré un peu, mais l'appétit l'un pour l'autre semblait suffire à remplir nos estomacs pourtant vides. Nous avions passé de longues heures à échanger des caresses et des baisers. Progressivement, j'avais senti le désir monter, m'entrainer dans sa course, subtilement. Marc m'avait entraînée dans sa chambre simplement.

Oser faire l'amour avec un homme que je venais à peine de rencontrer était une première pour moi. Je n'avais jamais été une consommatrice d'aventures. Cela ne faisait pas partie de mes schémas. L'acte sexuel en soi me faisait si peur et je m'étais presque toujours débrouillée pour choisir des hommes plutôt féminins et amoureux qui, je le savais, me laisseraient du temps pour décider du moment où je serais prête à faire l'amour. Besoin que la confiance s'installe, que la tête m'autorise à lâcher un peu le contrôle. Étape après étape.

Je ne m'étais pas reconnue. Il y avait eu une hésitation, c'est vrai. La peur était arrivée au galop, comme avant. Il y avait eu cette voix qui criait dans ma tête et qui m'avait si souvent fermée aux plaisirs de l'amour et empêché de jouir de l'instant. Cette voix qui me répétait sans relâche toutes ces inepties autour du sexe que j'avais finies par croire : je ne savais pas faire, c'était mal, je n'étais pas à la hauteur, j'allais à l'évidence décevoir l'autre. Toutes ces choses dont je m'étais convaincue, malgré moi, depuis des années. Mais, cette fois-ci, je ne l'avais pas laissée faire. C'est étrange de s'apercevoir à quel point notre passé habite notre présent, comment dix minutes sur l'horloge de l'enfance peuvent faire basculer et conditionner une vie tout entière. Les prémices d'un léger dégoût avaient voulu surgir, aussi, sauf que cette fois-ci je n'avais pas permis à mon imagination de me jouer des tours. Ma vie entière de femme avait été souillée par ces quelques instants volés à l'aube de l'enfance et il n'était plus question de continuer à ce ver de faire pourrir la pomme. J'étais décidée à ne plus laisser ces blessures du passé prendre possession de mon présent. Il était l'heure de braver les interdits. C'en était fini ! La déesse était prête à exulter, à laisser la vie la traverser et à la source jaillir, fontaine inépuisable, nectar d'amour, liberté retrouvée.

J'avais brisé les armures, ôté toutes les protections et je m'étais laissée aimer, dans la confiance la plus totale, dans le don le plus généreux. J'avais posé ma cuirasse et avais ainsi pu goûter à deux peaux qui s'effleurent, deux bouches qui se savourent, deux corps qui se respirent. J'avais jeté mon bouclier et écouté nos deux cœurs battre ensemble.

Quel cadeau tu m'as fait Marc en m'offrant ta puissance d'homme, quel cadeau me suis-je fait en osant accueillir en moi cette puissance. Elle a allumé le feu sacré dans mon bas-ventre. Elle a réveillé en moi la femme sauvage. Je me suis abandonnée à ta puissance, sans pour autant me sentir envahie, forcée, salie. Ensemble, nous avons pu goûter à ce délicat élixir, rendu possible par ce mélange subtil du féminin et du masculin. Pour la première fois de ma vie, la transformation s'était faite dans le jeu, dans le plaisir et non dans la douleur et cela m'avait fait pleurer de joie. Je vivais cet instant comme une libération, la fin de quelque chose. Je ressentais une reconnaissance infinie pour cet homme, qui m'avait permis de sortir de ce carcan, cette gangue compacte et solide qui m'avait, pendant si longtemps, maintenue éloignée de ma féminité, de ma sensualité, de mon désir, qui m'avait laissée derrière la vitrine aux délices, sans pouvoir pourtant y accéder.

J'étais repartie le lendemain, encore secouée par ce que j'avais vécu, cherchant à valider par des preuves que l'expérience pour Marc avait été aussi forte que pour moi. Il m'avait fait comprendre que l'on se reverrait, sûrement, mais nous n'avions pas décidé du quand et aucune promesse n'avait été prononcée. J'avais tenté autant que possible de refréner mon empressement. Mon cœur s'était tordu et j'avais fait semblant de vivre avec légèreté ce moment de la séparation, sans savoir à quoi ressemblerait demain. J'aurais eu envie qu'il me dise : tu es la femme de ma vie. Que cette certitude soit pour lui aussi catégorique, sans aucun artifice. Sur la route du retour, l'inquiétude avait commencé à grandir ne laissant plus la place aux heureux moments partagés, navire qui échoue et déverse sur ses côtes des nappes noires et gluantes, une marée noire recouvrant sans tarder les plages où, seulement quelques instants plus tôt, on s'est aimé avec tant d'ardeur et de douceur. J'avais hésité pendant les longues heures du retour à m'arrêter pour lui envoyer un message. J'avais peur que cet emballement excessif le fasse fuir encore plus vite. Alors je m'étais retenue. J'avais juste fait une petite pause pour me détendre et vérifier si de son côté il ne m'avait pas laissé un petit mot : rien.

J'étais remontée dans ma voiture un peu dépitée et j'avais poursuivi ma route, dans le même état que quand, au réveil, on constate avec désappointement et stupeur que, ce qui nous avait semblé magnifique n'était finalement qu'un rêve.

Arrivée à Pornic, j'avais repassé en boucle le déroulement des dernières vingt-quatre heures : ma décision au dernier moment de faire un crochet par la librairie pour acheter « Lettre à un jeune poète », le détour vers le rayon développement personnel, cette énergie puissante ressentie dans mon dos, cet homme qui se tenait debout, les yeux rivés sur les miens quand je m'étais retournée, ce moment hors du temps où nous étions restés là, immobiles à nous regarder, cet élan que nous avions eu et qui avait fait que nous étions tombés dans les bras l'un de l'autre, cette étreinte suspendue comme un instant d'éternité… puis ces quelques paroles échangées, les pas que nous avions faits l'un contre l'autre jusqu'au petit bar, les caresses délicates données et reçues, la valse douce de nos regards, et cette nuit d'amour. Minute après minute, aucun détail n'était omis, je ressentais chaque effleurement, chaque mot résonnait encore à mes oreilles, chaque souffle caressait mon visage. La vie n'était finalement qu'une succession de petits choix, les uns après les autres, qui avaient le pouvoir de bouleverser le cours de l'existence. J'aurais pu décider d'acheter ce livre à Pornic en rentrant ou bien aller dans une autre librairie, j'aurais pu me rendre directement au rayon littérature, j'aurais pu ne pas remarquer cette incroyable énergie et ne pas me retourner. J'aurais pu regarder cet homme et tourner les talons…j'aurais pu, j'aurais pu, j'aurais pu… mais j'avais fait le choix d'aller à la librairie malgré l'heure tardive, j'avais précisément choisi cette librairie, je m'étais arrêtée au rayon développement personnel, j'avais senti cette énergie me traverser, je m'étais retournée et il s'était passé tout le reste.

Le calme était peu à peu revenu en pensant à tout cet enchainement de circonstances les plus improbables : cela ne pouvait pas être le fruit du hasard, évidemment. La mystérieuse force de vie avait œuvré, j'en étais persuadée. J'avais pris mon téléphone et j'avais envoyé un message à Marc, lui disant que j'étais bien arrivée et que je le remerciais pour tout ce que nous avions vécu ensemble ces dernières heures, puis je m'étais endormie épuisée. Epuisée par les longues heures sur la route, épuisée par l'amour qui s'était donné si puissamment, épuisée par le soulagement d'un gros poids qui se libère, celui d'avoir dépassé mes peurs de la sexualité, entre autres.

Je m'étais réveillée en sursaut, en pleine nuit, trempée par la sueur. J'étais allée chercher mon portable et je l'avais rallumé à la hâte. La seule chose qui comptait à cet instant, c'était de voir si Marc avait répondu à mon message. La tension était perceptible. J'étais en apnée devant l'écran. Vite, je dus constater que l'enveloppe était vide. Je me recouchai à la hâte, pressée de me replonger dans le sommeil pour ne pas avoir à affronter les sentiments violents qui commençaient à émerger. J'eus du mal à me rendormir tant la voix qui cognait dans ma tête hurlait de toutes ses forces, ne me laissant pas tranquille. C'était une voix grinçante qui disait : mais qu'est ce que tu crois Viviane, à ton âge, tu crois encore aux contes de fées ? Quelle naïve tu fais ! Tu as cru qu'un homme comme ça pouvait s'intéresser à toi, c'est ça ?

Tu veux rire. C'est trop beau pour être vrai. Tu vois, il ne t'a même pas répondu. S'il était amoureux de toi, il l'aurait fait. Il t'aurait même appelée pour voir si tu as fait bonne route et pour s'assurer que tu es bien rentrée. C'est toujours un peu comme ça avec toi. Tu t'emballes, tu tombes amoureuse bien trop vite et puis tu finis par souffrir. Rappelle-toi quand tu avais quinze ans ou dix-huit ans, c'était pareil.

J'avais fini par me boucher les oreilles comme si cette voix venait de l'extérieur et que cela suffirait à étouffer temporairement l'agressivité de son écho. Je finis par me rendormir à l'aube et émergeai à nouveau en milieu de matinée.

J'avais passé les heures jusqu'au repas à m'agiter dans tous les sens et j'avais observé, impuissante, les secondes s'écouler lentement. Envie irrépressible de secouer le sablier pour que les grains se frayent un passage plus rapidement à travers le couloir étroit du temps. Minutes pareilles à des heures indolentes riant de leur insolence. Des heures caduques, comme des coquilles vides, des troncs d'arbres creux, presque morts dont la sève n'est plus que fragiles fragments. Appels à l'aide restés sans réponse, pleurs qui redoublent quand le bonheur des autres nous éclabousse et nous condamne à faire face à l'absence du nôtre. Tuer le temps férocement et s'apercevoir que plus vous le pourchassez et plus il s'éternise, à peine fauché dans sa course qu'il réapparait, hydre à douze têtes encore plus menaçante et plus monstrueuse.

Arriverais-je un jour à sortir de cet enfer ou bien serais-je obligée de sans cesse revivre cela ? J'avais cette horrible sensation d'être à l'image de Tantale, subissant heure après heure, pendant l'éternité et jusqu'à la fin des temps, le même supplice, inexorablement. Je me sentais maudite, abandonnée. Serait-ce le calvaire de ma vie ? Était-ce la destinée qui m'était réservée ? Pouvait-il exister une relation dénuée de souffrance ? À midi, Marc m'avait finalement envoyé un message, me parlant de tout et de rien et sans mentionner d'une manière ou d'une autre, les moments que nous avions partagés. J'avais ressenti une immense frustration, ne sachant plus quoi penser. J'avais passé la journée à lire et relire son message, essayant d'interpréter ce qui pouvait bien se cacher derrière, commençant à lui répondre, me ravisant aussitôt, réécrivant, puis effaçant le contenu avec précipitation. Déjà la spontanéité m'avait quittée. Je me voyais envisager différentes stratégies et je me désolais de me voir poussée à agir de cette façon. Où était passée l'insouciance des dernières heures, où aucune place n'est laissée au calcul ? Où était passée la folie qui ne supporte aucun raisonnement ? Où était passée la légèreté qui déplace des montagnes ? Ce qui était présent, c'était les questions qui se comptaient au nombre de mille, de dix mille ou d'un million, les attentes inassouvies, les espoirs déçus. Je me voyais cogner dans le même mur encore et encore, assommée par la violence du choc. Et ce qui était encore plus pénible c'était la conscience que j'avais de la situation. C'était cela au fond qui faisait mal : savoir et ne pas être capable d'agir autrement. Savoir et se laisser entraîner dans les mêmes turpitudes, savoir et se brûler toujours. Je ressentais une telle lassitude que la solution la plus immédiate eût été de dire : j'arrête tout. Je ne veux plus de ce type de relation. Je veux un homme attentionné, je veux que ce soit fluide, harmonieux, sans équivoque. Je veux de la simplicité, du jeu, du rire. C'est tout cela que je veux, rien de plus. Au lieu de cela, je me raccrochais aux miettes, à l'espérance d'une belle histoire qui avait commencé comme un conte de fée et qui ne pouvait que bien se terminer. C'est fou comme j'avais été marquée par les Cendrillon, Peau d'âne ou la Belle au bois dormant. J'avais cru à ces histoires et à quarante cinq ans, même si j'avais passé l'âge, j'y croyais encore. Alors, je voulais me persuader que Marc était cet homme que j'attendais depuis toujours.

En milieu de journée, je m'étais ressaisie. Au fond de moi, je savais que cet homme n'était pas arrivé par hasard dans ma vie et que, s'il n'était que de passage, il était là pour me montrer mes failles. C'était désagréable, insupportable certes, mais je ne voulais plus subir. J'avais le profond désir de transformer une bonne fois pour toutes, le plomb en or.

J'avais baissé les volets en plein milieu d'après-midi comme pour signifier, je suis prête, je suis prête à affronter complètement mes ombres. Je ne voulais plus fuir, je ne le pouvais plus, du reste. Je voulais juste être là, quitte à mourir, ça m'était égal. Je voulais connaître le noir, aveuglément. Plus rien ne m'importait désormais. Je pouvais être déchiquetée, ma chair en lambeaux, ma peau brûlée, mon corps lacéré par mille épées. Je pouvais être crucifiée, calcinée, précipitée dans l'abîme, pulvérisée par la douleur. Cela m'était égal. J'avais senti le hurlement poindre dans mon bas-ventre et se tracer obstinément un chemin à travers mes viscères. Rien ne pouvait lui barrer la route, plus rien ne pouvait y faire obstacle, il renversait tout sur son passage. Un ouragan de rage balayant une à une les dernières résistances. Un sifflement si strident qu'il déchirait mes oreilles. Un cri sauvage, un cri perçant à faire trembler les murs. Un cri contenant des années de retenue, un cri rassemblant toutes les souffrances de la terre. Un cri indécent, démesuré, inhumain. Combien de temps cela avait-il duré ? Je n'en savais rien. Le dernier cri avait retenti, plus étouffé. Il avait bientôt laissé place aux tremblements, le corps secoué de l'intérieur par des soubresauts incontrôlables, puis il y avait eu le silence, un silence paisible, profond, un silence abyssal et habité, un silence prometteur, annonciateur d'un jour nouveau.

Marc m'avait appelée le soir même, pour me dire qu'il viendrait le week-end suivant. J'avais sauté de joie.

23

Il avait préféré prendre le train et j'étais allée l'attendre à la gare. À l'instant même où il avait posé les pieds sur le quai, j'avais su. J'avais su que je n'étais pas la femme de sa vie. Ce sont des choses que l'on sent, n'est-ce pas, nous les femmes, ou plutôt le féminin en nous. L'intuition sait ces choses-là. Je n'avais pas relevé. Je l'avais serré dans mes bras, mais déjà ce n'était plus la même intensité, déjà je le sentais loin et absent. Il y avait un tel contraste entre ce qui avait été partagé quelques jours plus tôt et maintenant. Mon cœur avait été dévasté, illusion qui part en fumée. Une série de pourquoi. Pourquoi ce bonheur qui m'avait été offert l'espace de quelques heures, m'était-il retiré soudainement, avant que je ne puisse le goûter totalement ? Un gâteau au chocolat délicieux dont on a le droit de ne manger qu'une bouchée et que l'on observe derrière une vitrine. La douche avait été froide, glacée même. Elle m'avait saisie, j'avais été fauchée par sa violence. Il avait prétendu être fatigué et s'était couché sans un baiser, sans un geste. J'étais restée seule avec mon immense solitude. Nous avions passé la journée du lendemain à nous balader. Je lui avais fait découvrir Pornic et tous les lieux que j'aimais. À aucun moment, nous n'avions parlé de nous. Le soir venu, j'avais eu l'impression d'être une bombe à deux doigts d'exploser. Je n'avais été capable de lui poser qu'une seule question, une seule :

— Pourquoi es-tu venu ?

Il avait semblé gêné et avait tenté de se justifier. Je l'avais arrêté net. Il n'y avait rien à justifier, rien à argumenter, juste dire les choses tout simplement, rien de plus. Il ne savait pas pourquoi il était venu, pour ne pas me décevoir, parce qu'il n'avait tout simplement pas osé me dire qu'il n'éprouvait rien pour moi. J'avais ressenti beaucoup de colère à cet instant. J'avais pris conscience que les non-dits avaient un impact beaucoup plus néfaste que la vérité en somme. Parfois, on se dit que l'on va blesser l'autre, alors on se tait. On ne dit rien pour le protéger ou parce qu'on ne sait pas comment formuler ce que l'on ressent vraiment au fond de nous. Dans ces cas-là, le silence est encore plus blessant que les mots, car notre corps sait. On ne comprend pas ce qui crée ce malaise, on sent bien que quelque chose dysfonctionne, sonne faux, sans en saisir la teneur. Alors on suppose, on brode, on tricote, on émet des suppositions, on interprète. J'étais lasse de tout cela. Je voulais de la franchise, de la transparence.

Il était reparti le lendemain. Il avait laissé un grand vide. J'avais tenté les jours suivants de maintenir le lien et cela n'avait fait que maintenir le malaise encore plus. Quelle souffrance à essayer de retenir les choses, à vouloir que les circonstances soient différentes de ce qu'elles sont, à résister à l'idée que l'autre ne nous aime pas, à vouloir nous convaincre que peut-être, un jour, il aura une révélation et tombera à genoux devant nous, pour nous déclarer qu'il s'est trompé, qu'il est en amour pour nous. Que de manipulations facétieuses exerçons-nous avec nous-même !

    C'est finalement soi que l'on rencontre en rencontrant l'autre. Il n'y a pas d'autre, il n'y a que nous. Passés les quelques mois de pure passion, où l'on s'arrange pour ne voir que ce qui nous plait tellement chez l'autre, occultant tous les aspects qui peuvent nous déranger, nous sommes bien souvent face aux miroirs fissurés de notre propre existence. L'autre vient appuyer sur tous les boutons qui font mal. C'est pour cela que les relations sont si difficiles, si compliquées, car on continue de croire que l'autre n'est pas assez ceci, ou ne fait pas assez cela, alors qu'il vient exactement nous montrer le chemin du retour à soi et vice-versa. La plupart du temps, on ne cherche pas à comprendre et l'on quitte la relation dès la première éclaboussure pour se jeter dans la gueule d'un autre loup, qui vient nous dévorer toujours davantage. On continue de se frapper dans le même mur, encore et encore. Un jour, certains ont une lueur de lucidité et acceptent humblement de voir que les scénarios se répètent : toujours les mêmes personnes, toujours les mêmes failles, toujours les mêmes accros, toujours les mêmes écueils. À ce moment-là, tout devient possible. Oser se regarder et voir en soi le reflet de nos fissures. Accepter de ne plus rejeter la faute sur l'autre, et faire de la rencontre une occasion d'ajouter une pierre à notre propre évolution.

    Je lui avais écrit une longue lettre, que j'avais fini par brûler, parce qu'elle non plus n'était pas le reflet de mes ressentis. Alors, je m'étais posée et avais laissé mes doigts glisser sur le clavier, sans rien retenir.

« Depuis quelques jours déjà, je ressens cette envie de poser ce qu'il m'a été difficile d'exprimer verbalement. L'écriture me permet souvent de clarifier, de trouver les mots justes sur mes pensées et mes ressentis. Alors, voilà, je suis devant cette page blanche sans trop savoir sur quelles touches mes doigts vont appuyer. Les larmes sont déjà au bord des yeux et viennent troubler ma vue. Alors oui, c'est ce qui est présent: une profonde tristesse qui est venue se raviver de façon très intense hier après-midi. Ce qui change pour moi, c'est de leur permettre d'être là, sans jugement et même de m'autoriser à les partager avec toi. Je ne comprends pas tout ce qui se passe encore et en même temps quelle importance. J'ai refait le film de notre rencontre des dizaines de fois, en imaginant des scénarios différents en essayant en vain de tordre une réalité, en voulant me soustraire au présent, à la vie, à ce qui m'était donné à voir, à comprendre. Ça n'a pas marché. Puis je me suis rangée dans une sorte de résignation, collant au plus près à l'être spirituel parfait faisant des expériences sur terre et imaginant comment il serait bon de réagir. Sauf que j'avais oublié complètement ce que je ressentais vraiment, authentiquement, sans fard et sans détour. Et ce qui crie dedans en vrai c'est une douleur puissante. Il ne m'est même plus possible de le rattacher à toi, à ce qui s'est passé tant ce qui crie dépasse certainement tout ça. Mais c'est bien là, attendant que je lui ouvre grand les bras, que je l'entoure de mon Amour, que je l'embrasse pleinement. Oui c'est l'invitation qui m'est offerte et à laquelle je choisis de m'abandonner. Quand nous étions enlacés dans cette librairie, j'ai ressenti un tel sentiment d'Unité, que j'avais l'impression que mon Être s'était réunifié. C'était si incroyable, si exceptionnel cette sensation, que j'aurais souhaité que ce moment d'éternité, jamais ne s'achève. Puis, il y a eu cette mise à distance, cette retenue que j'ai vue et ressentie dès le début. Je sais désormais que ton cœur n'était pas près du mien. Je n'avais pas voulu le voir car ça faisait trop mal. Une terrible impression de n'être pas aimable, de n'être pas assez, de ne pas pouvoir recevoir d'amour alors que j'en avais tant à donner, tant à diffuser. J'aurais pu à nouveau tout donner et me perdre. Vivre pour l'autre et m'oublier. Je sais que c'était le risque. Oui la princesse des étoiles a aujourd'hui les yeux qui brillent, non qu'elle ait trouvé le prince charmant, mais par les larmes qui forment des étincelles dans ses yeux. C'est ce regard délicat et plein d'amour que je souhaite porter sur moi désormais, me voir avec les yeux du prince charmant, et galoper vers un radieux futur sur mon beau cheval blanc. Je te souhaite le meilleur Marc. Merci pour ce qui a été vécu et vu grâce à cela. Viviane. »

Je crois que cette lettre avait fait beaucoup de bien à Marc aussi, autant qu'à moi en l'écrivant. Elle lui avait permis de voir l'importance d'exprimer ses ressentis. Pour ma part, cette nouvelle désillusion amoureuse me montrait de manière éclatante ma peur viscérale d'entrer en relation, tant celle-ci était synonyme d'inconfort, de souffrance, de supplice même. Je voyais que la vie ne m'avait finalement laissé que peu de répit entre Patrick et Marc, comme si elle voulait me dire : ça y est tu es prête à tourner cette page définitivement.

24

Le Jour J était arrivé à grandes enjambées. Quelques jours auparavant, j'avais laissé tomber les cahiers et les cours, mon besoin étant plutôt de me détendre et de faire confiance à ce qui adviendrait. C'était assez étrange de se retrouver devant sa petite table, attendant la distribution des sujets. Cela m'avait ramenée des années en arrière à l'époque du baccalauréat, sauf que là, je n'avais pas l'impression de jouer ma vie et mon avenir. Je savais bien que tout était déjà en route, qu'il n'y avait pas d'enjeu, que ce n'était qu'un jeu, le jeu de la vie, la vie qui se déroule. Quelle importance ? Si ma place était parmi ces enfants, si ma contribution devait se faire ici, la vie m'y conduirait tout simplement. Il n'y avait rien à pousser, rien à forcer, rien à contraindre. J'avais donné le meilleur de moi-même dans la préparation, le résultat n'était maintenant plus de mon ressort. Il ne m'appartenait plus. Plus besoin de combattre, de jeter son dévolu sur une hypothétique issue, de s'agripper, de s'accrocher, juste autoriser et permettre. Épreuves écrites : quel drôle de nom donné à un moment qui devrait, au contraire être joyeux, puisqu'il était la voie d'accès à un métier que l'on a choisi et qui normalement nous plait. On aurait pu l'appeler « inspirations écrites, passerelles, amusements », bref un nom qui met en joie, qui donne envie. Au lieu de cela, on ajoutait de la lourdeur, de la complexité, de la difficulté.

Je n'avais pas attendu non plus avec angoisse, le courrier dans ma boite aux lettres, courrier qui viendrait me confirmer ou non, mon admissibilité pour les oraux, qui eux-mêmes m'ouvriraient la porte à cette année d'alternance entre la pratique de l'enseignement et les cours. J'avais au contraire commencé à m'imaginer avec enthousiasme le plaisir qui serait le mien de me lever chaque matin et de me rendre à la petite école, de voir ces enfants pleins de vie, de les voir rire et pleurer, de les voir s'amuser, de voir leur soif d'apprendre, encore. Que je sois admise n'avait pas été une surprise en soi. La joie avait été là sur tout le parcours, j'étais heureuse, mais il me semblait que je l'aurais été aussi si la réponse avait été non. Simplement parce le bonheur avait été présent à chaque moment, à chaque étape et c'est ce qui était important au fond. L'éclair, quand cette idée avait émergé avec Don Pedro, en Ardèche, la rencontre avec le cafetier dont la femme était professeure des écoles, la préparation, l'examen en tant que tel. Chaque moment avait porté en son sein, le parfum de la réjouissance, le chemin avait été le bonheur.

Alors, quand la journée des oraux était arrivée, elle était déjà porteuse de toute cette joie, elle respirait cette joie. Elle en contenait la saveur, elle en transpirait le goût, elle en était l'étendard, le porte-drapeau. C'est sans doute cela qui avait fait la différence. Je n'étais pas plus intelligente, je n'avais pas plus de connaissances, et même sans doute beaucoup moins, mais ma force était dans cette joie qui m'habitait profondément, bien au-delà de la simple motivation, une joie qui suinte à travers tous les pores de la peau et qui ne cherche pas à convaincre, parce qu'elle est déjà la conviction, parce qu'elle est vibrante, vivante, animée, transportée. J'avais laissé se dire ce qui venait spontanément. Cela avait été un jeu, un partage, rien d'autre. Le jury avait été conquis, je l'avais senti et je savais déjà que dans quelques semaines, quand j'ouvrirais l'enveloppe portant le sceau de l'académie, se trouverait à l'intérieur le passeport vers ma nouvelle vie. C'était déjà écrit, gravé dans le marbre, inscrit au patrimoine, enregistré dans les archives de mon futur virtuel. J'avais déjà acheté le champagne pour fêter cela et convié mes amis à la célébration à venir.

Et puis, il y avait eu ce chavirement, une émotion violente, encore. Au départ, j'avais pesté, me disant que je ne serais jamais tranquille, que c'était reparti. Puis, il y avait eu cette lucidité ou plutôt cette nouvelle attitude que j'avais pris l'habitude d'instaurer dans ma vie, car cela m'arrivait de plus en plus fréquemment d'être en proie à ces émotions. Elles arrivaient n'importe où, n'importe quand. Imprévisibles, foudroyantes. Je les reconnaissais désormais plus rapidement et je ne cherchais plus à les contenir, il n'était plus possible de les ignorer. Elles avaient ce pouvoir libérateur immédiat, de pures bénédictions. C'est exactement cela que je reconnus quand Annabelle évoqua cette habitude sauvage qu'elle avait prise de manger au-delà du raisonnable. Ce vide dont elle me parlait je le connaissais bien. Il m'était arrivé à moi aussi de me remplir en engloutissant tout ce qui me tombait sous la main, jusqu'à ce que l'estomac soit saturé, proche de l'explosion. J'avais aussi cru le combler en imposant parfois un diktat amoureux, imaginant qu'un compagnon pourrait venir assouvir ce manque. J'eus l'impression pendant un moment qu'à nouveau, ce vide béant brûlait en moi. Je me trompais. Si la sensation revenait si fortement, c'était justement pour lui dire adieu. Il n'était plus utile de la retenir plus longtemps. Y replonger aurait marqué son retour, s'y accrocher l'aurait fait persister, alors qu'elle était justement sur le point de me quitter définitivement. Je pris le temps de m'asseoir, posai délicatement ma main sur le ventre et je m'entendis déclamer : merci, merci infiniment, merci d'avoir été là par le passé, tu m'as été très utile, je te remercie du fond du cœur pour tout ce que tu as fait pour moi. Aujourd'hui, je n'ai plus besoin de toi ici, je te confie désormais à l'invisible. Je t'aime. Adieu.

Le soulagement fut immédiat. C'est comme si, d'un coup, mon corps avait pris de la densité, comme si une force vive y avait pris place. Cette émotion ne s'était pas présentée pour s'incruster, simplement pour que je puisse lui dire au revoir et que je referme doucement la porte derrière elle. Cela m'avait semblé d'une telle simplicité, que je m'étais étonnée de ne pas l'avoir fait plus tôt. Au lieu de cela, j'avais souvent maudit cette sensation, la traitant avec le plus grand des mépris. Ce faisant, je l'avais maintenue fermement, renforcée jusqu'à ce qu'elle trône, telle une statue boulonnée sur son piédestal, au milieu d'une place. Je comprenais qu'il n'était plus utile de résister, qu'il n'était plus utile de se laisser croire que guérison veut dire absence d'émotions désagréables. Il y avait juste à être présent à ce qui se passe. J'avais dit un grand Oui au changement et dans ce grand Oui, il y avait aussi à accepter tout ce qui présentait à moi, le beau, le puissant, comme le sombre et le douloureux. C'étaient l'envers et l'endroit d'une même pièce. L'un ne pouvait être séparé de l'autre. Vouloir en éliminer un, aurait signifié, gratter la pièce jusqu'à l'usure et la faire disparaître entièrement, ce n'était tout simplement pas possible. J'avais mis des années à le découvrir. Je sentais aussi que c'était la façon la plus puissante de s'aimer au-delà de tout. C'est tellement facile d'aimer ce qui nous plait en nous, mais qu'en est-il de nos zones d'ombre ? C'est parfois difficile, voire impossible. Et pourtant cela fait partie de nous. On ne peut pas vivre amputé d'une partie de soi-même. À partir de là, j'avais été persuadée que ma seule préoccupation désormais serait celle-là : d'aimer chaque parcelle de moi-même. Jour après jour, j'en avais pris le chemin. Un apprentissage, le seul finalement qui en vaille la peine, car de cela, tout découlait.

25

Il était arrivé sans prévenir, et au fond, je savais qu'il était en route bien avant qu'il n'arrive, qu'il était déjà là, même. Je n'avais plus besoin de cet homme pour combler un espace vide en moi, mais partager un amour débordant d'un endroit où tout était déjà plein. Je savais alors qu'il n'y aurait que le meilleur à s'offrir, et qu'en donnant et en recevant cet amour, nous pourrions le diffuser autour de nous, encore plus.

Jusque-là et sans m'en rendre compte, j'avais vécu l'amour dans une sorte d'enfermement à deux, une prison dorée qui me plongeait finalement dans un état de séparation totale : les relations m'avaient coupé de moi-même et des autres aussi. Espèces de fusions passionnelles qui excluaient l'extérieur mais aussi l'intérieur, petit brasier essayant de survivre à deux mais qui ne voit pas que l'amour, quand il ne peut s'expanser finit par s'éteindre. L'amour qui ne pouvait se nourrir du dehors et s'offrir au monde venait, au bout d'un certain temps, à brûler ses propres ailes. Il avait tendance à se scléroser, à se rabougrir, à se ratatiner. Il était une privation de liberté pour soi et pour l'autre, il isolait au lieu d'unir. J'avais pris cela pour de l'amour, mais au fond, ce n'était que de l'attachement possessif et destructeur. Au contraire, j'avais découvert avec Yann qu'il était possible de rester soi, et mieux encore de devenir encore plus soi-même.

Je comprenais enfin ce que c'était d'aimer l'autre véritablement pour ce qu'il est, d'aimer ses failles et ses blessures. Aimer l'autre, c'était infiltrer l'amour à l'intérieur de ses fissures, de ses désordres, regarder sans juger ses tiroirs encombrés, ses placards poussiéreux, ses armoires où s'entassent encore des choses inutiles, et l'aimer aussi pour cela, surtout pour cela. C'était enrouler dans nos bras ses peurs les plus profondes, éclairer ses ombres de notre lumière. Aimer l'autre c'était accepter de marcher ensemble dans les sables mouvants et se tenir la main, c'était consentir à le perdre un temps pour qu'il puisse mieux se retrouver, c'était accueillir ses choix, même s'ils nous faisaient souffrir, car qui d'autre mieux que lui-même pouvait savoir ce qui était bon pour lui ? Pouvoir reconnaître un déplaisir, sans pourtant vouloir que ce soit autrement. Ne plus chercher à changer l'autre, à le modeler à notre image. En étant capable d'aimer tout cela en l'autre, c'était un chemin que l'on traçait pour soi aussi, un cadeau que l'on s'offrait. Car aimer l'autre, c'était s'aimer soi-même suffisamment pour avoir l'humilité de reconnaître que ses ombres n'étaient en fait que le reflet de nos propres fardeaux. Et l'aimer en l'autre, c'était l'aimer en soi, l'aimer en soi, c'était ne plus se rejeter, c'était remettre toutes les pièces du puzzle ensemble, c'était réunifier les parts de soi éparpillées, dispersées à tout vent. La puissance du grand amour c'était de se re-co-naître, renaître à soi-même, renaître ensemble. Aimer c'était être déjà empli de cet amour. L'autre n'était pas là pour combler un vide mais pour faire jaillir encore plus, le déjà plein. Et quand ce regard-là était partagé par l'un, comme par l'autre, pouvait naître un amour d'une puissance et d'une beauté infinie.

L'amour emportait tout sur son passage, une vague déferlante à qui rien ni personne ne résiste. Il pouvait contenir toutes les peurs, il pouvait essuyer toutes les tristesses, il pouvait balayer toutes les larmes, effacer toutes les vengeances, faire oublier toutes les peines, éteindre les colères, emporter les craintes, assouvir la haine. Il nous permettait d'accepter le pire, de traverser le chaos, de côtoyer le néant, de survivre au désespoir, de rester vivant. Il pouvait s'infiltrer partout dans les moindres recoins, les plus fins interstices, les failles les plus profondes. C'était un océan, un volcan, une montagne. C'était le ciel, le cosmos, l'univers. C'était une étincelle, un feu, un brasier. C'était l'eau, la fontaine, la source. C'était une coupe, un calice, un écrin. C'était tout cela à la fois. L'amour faisait pleurer tellement il était beau, l'amour donnait des ailes, tellement il insufflait la joie.

Yann m'avait appris à profiter du clair de lune alors qu'une pile d'assiettes jonchait la table de la cuisine, à écouter mes désirs et faire l'amour en plein milieu d'après-midi. Il m'avait appris à arriver en retard à un rendez-vous, car sur le chemin il s'était arrêté pour m'embrasser, et le baiser avait duré longtemps, longtemps. Il m'avait appris à oublier l'heure des repas, le temps qu'il faisait, la casserole sur le feu. Il m'avait appris à courir dans la rosée en plein hiver, à nager nus dans un lac, à rêver à n'en plus finir. Il m'avait appris à danser sous la pluie jusqu'à en perdre haleine et à briller dans l'éclat du soleil de ses yeux. Il m'avait appris qu'on pouvait rire de tout et s'amuser pour rien. Il m'avait appris la fantaisie, le brin de folie, l'imprévisible. Il m'avait appris que demain est toujours trop tard pour faire ce que l'on a envie de faire aujourd'hui. Il m'avait appris que trop se perdre dans le regard de l'autre éloignait toujours un peu plus de soi-même. Il m'avait appris que l'obligation était l'ennemi du bien, et qu'il n'y aurait jamais aucun regret à suivre l'élan du moment, puisqu'il était porteur de joie. Il m'avait appris que midi pouvait être la nuit, que minuit avait parfois la saveur du jour. Il m'avait appris qu'on pouvait se coucher le matin et se lever le soir. Il m'avait appris que chaque seconde contenait en elle toute la richesse du monde. Il m'avait appris que chaque minute méritait d'être vécue sans en perdre une miette, il m'avait appris que chaque heure se devait d'être une œuvre d'art, il m'avait appris que chaque année avait le parfum d'une rose qui n'en finit pas d'éclore, il m'avait appris que la vie était si précieuse qu'il y avait urgence à se baigner dedans à chaque instant. Jamais autant, je n'avais goûté au temps avec une telle intensité, jamais autant, je n'avais essoré les secondes jusqu'à la dernière goutte, jamais autant, je n'avais égoutté les minutes jusqu'à la dernière perle, jamais autant je n'avais extrait de chaque heure le plus pur des nectars. Avec lui, la vie m'avait cueillie, avec lui, la vie s'était révélée.

Je n'avais plus besoin qu'il m'envoie des dizaines de textos pour savoir qu'il pensait à moi, je n'avais plus besoin de le prendre en otage pour me rassurer sur la vérité de son amour, je n'avais plus besoin qu'il soit près de moi pour sentir sa présence, je n'avais plus besoin qu'il me dise je t'aime, pour en être convaincue. Je n'avais plus besoin de tout ça. J'avais juste besoin de me rappeler que la vie circule en moi qu'elles qu'en soient les circonstances, que cela ne dépendait pas de lui, mais seulement de moi.

Dans ses baisers, il y avait tous les parfums de la terre et du ciel réunis, toutes les tendresses et les délicatesses contenues dans ce monde, il y avait la fraîcheur de l'eau, la passion du feu, il y avait la douce mélodie du printemps qui s'éveille, la promesse d'un bourgeon qui éclot, la caresse du temps qui soudain n'existe plus, le murmure subtil des mots à peine effleurés, le mystère pénétrant d'un espace infini.

J'avais la sensation que je passerais ma vie à remercier, quand on a dit non à la vie et que soudain, on décide de dire un grand oui, on a envie de remercier pour tout, pour la rose qui fleurit, pour la bonne odeur de pain, pour le silence qui nous remplit, pour le bruit de l'eau qui coule, pour les bras chaleureux d'une amie, pour nos cellules qui pétillent.

Je sentais mon cœur déborder d'amour et cela m'apparaissait clairement maintenant : cet océan ne pouvait être déversé dans le cœur d'un seul homme. Il aurait été bien trop petit pour tout le contenir. Il avait besoin d'être diffusé, d'être offert à chacun sans distinction. Cet amour ne pouvait pas être réservé à quelqu'un de spécifique, puisqu'il était en chacun de nous, sans exception. Cet amour ne m'appartenait pas d'ailleurs, ni à moi ni à personne, il était l'âme du monde.

Épilogue

J'étais tranquillement installée dans mon salon, Yann était parti pour le week-end pour son travail. Je m'étais servi un thé et avais allumé la radio. En entendant les premières notes d'une chanson que je connaissais bien, j'avais senti les battements de mon cœur s'emballer soudainement. Puis, j'avais été secouée par les sanglots, mon corps agité par de violentes secousses, incontrôlables.

« Toi le frère que je n'ai jamais eu, sais-tu si tu avais vécu, ce que nous aurions fait ensemble ? »

Plus les mots résonnaient dans mes oreilles et plus j'étais frappée par cette révélation.

Cette chanson de Maxime le Forestier, je l'avais entendue des dizaines de fois, et sans savoir pourquoi, systématiquement, elle me faisait monter les larmes aux yeux. Jusque-là, je ne m'étais jamais demandé pourquoi. Je n'y avais pas prêté plus d'attention que cela. C'est un peu comme ça avec les chansons, on les écoute souvent sans vraiment les écouter. Il y en a qui résonnent plus que d'autres, qui nous émeuvent. C'est tout. Là, j'avais eu comme un éclair, foudroyant, un laser pointant sur la vérité, une certitude. Le doute n'était pas permis. Une clarté nouvelle venait mettre la lumière sur mon histoire, reconstituant une à une les pièces du puzzle. En cet instant, personne n'aurait pu déployer suffisamment de contre-arguments pour me convaincre que je me trompais. L'évidence était viscérale, instinctive.

J'avais eu un frère jumeau. Il était mort in utero. Je l'avais vu s'éteindre à côté de moi. Je n'avais rien pu faire. J'avais vécu toute ma vie, à chercher ce paradis perdu, à deux, m'accrochant à l'autre, comme une bernique sur un rocher, pour ne pas revivre ce moment où Franck m'avait quittée. Le prénom était venu, lui aussi comme une évidence. J'avais cru que récupérer cet amour fusionnel, qui m'avait été violemment arraché à l'aube de ma naissance, était la seule voie pour être heureuse. Toute ma vie, j'avais cherché à être aimée, désespérément. Rien n'avait jamais vraiment réussi à combler cet immense vide, laissé par son absence. Je l'avais vécu comme un abandon. Je pensais ne pas mériter l'amour, comme si l'on pouvait mériter l'amour, alors que c'est un droit de naissance.

En écoutant les dernières notes, j'avais ressenti un soulagement immédiat, comme s'il était là, à cet instant, m'enveloppant de sa présence. Je savais désormais que je ne serais plus jamais seule.

Fin

En savoir plus sur l'auteure

Sylvie Retailleau est Coach de Vie, passionnée depuis plus de 20 ans par la magie de l'Etre Humain et de ses potentiels.

Ancienne cadre commerciale, elle inspire, à travers ses ouvrages, et ses accompagnements tous ceux veulent s'offrir la chance d'oser être Soi et de vivre pleinement heureux.

Pour la suivre et la contacter :

www.croireensesressources.com

contact@croireensresssources.com

www.facebook.com/Sylvie.Retailleau.Auteure

www.facebook.com/croireensesressources

Youtube : CrOire en Ses rEssouRces

www.ingramcontent.com/pod-product-compliance
Lightning Source LLC
Chambersburg PA
CBHW062217080426
42734CB00010B/1930